ENSAIO SOBRE A ALMA BRASILEIRA

Atos Henrique Fernandes

ÍNDICE

FICHA CATALOGRÁFICA

FERNANDES, Atos Henrique. Ensaio sobre a alma brasileira - Nova Lima-MG, 2024.

ENSAIO SOBRE A ALMA BRASILEIRA

O Estamento Burocrático

Será verídica a ideia de que o povo brasileiro é constituído, majoritariamente, por pessoas boas e honestas que só querem levar a vida de forma pacífica e ordeira, correndo atrás de seus objetivos, geralmente bons e razoáveis, sendo sabotados por uma classe política implacavelmente corrupta; obscenamente egoísta; profundamente amoral e incorrigivelmente hipócrita? O jurista Raymundo Faoro publicou em 1958 sua obra "Os Donos do Poder: Formação do Patronato Político Brasileiro". Nesse grande estudo sociopolítico, o autor vai da formação do Estado Português até a Revolução de 1930 no Brasil, mostrando que o poder é monopolizado por uma elite, composta por grandes dinastias políticas e pela nata do funcionalismo público, que usa o poder de forma patrimonialista. Essa entidade é elástica, muito boa em se adaptar, mudam-se os nomes, os regimes, as formas de governo, as formas de Estado, mas eles continuam no poder, o sistema concebido permanece funcionando e dando os frutos esperados.

Mas elites estatais poderosas não são exclusividade do Brasil, muitos países as têm, países que estão, social e economicamente, em uma situação bem mais confortável que a nossa. Japão, França, Reino Unido, China e mesmo os Estados Unidos da América, em menor grau. Tomemos como exemplo o Japão, desde o fim da Segunda Guerra Mundial o Partido Liberal

Democrata esteve à frente de quase todos os governos, exceto por dois períodos (93-94; 09-12), trata-se de um partido que congrega uma ampla gama de ideologias, embora prevaleça o nacionalismo e o conservadorismo, algo que na realidade brasileira lembra o MDB (Movimento Democrático Brasileiro), mas por que razão esse fato não contribui para o atraso japonês como ocorre no Brasil?

A classe governante nada mais é do que pessoas que, dentre o povo, chegam ao poder e, portanto, estão mergulhadas na cultura local e no poder, sendo constantemente influenciadas pela cultura nacional. A chave para entender os problemas do Brasil é o conhecimento de seus aspectos culturais. Por exemplo, o estamento burocrático japonês reflete a cultura de um povo conservador e nacionalista. O jornalista Rupert Wingfield-Hayes descreve um fenômeno político-econômico no Japão que corrobora com a linha de entendimento desse ensaio, apesar de todo o desenvolvimento econômico pós-Segunda Guerra; o povo japonês permanece tradicionalista, rejeitando a imigração em massa, a ocidentalização e, em certa medida, até mesmo o livre mercado; – digo em certa medida, pois o Japão sempre combinou políticas de livre mercado em alguns temas com intervencionismo estatal em outros, com muito pragmatismo, que, hoje sabemos, acabou não dando tão certo visto a estagnação econômica – as grandes famílias japonesas continuam à frente do governo, as mesmas que estiveram por trás da Revolução Meiji e do imperialismo que findou com a derrota para os Aliados. Ocorre que essa elite política está em plena sintonia com a cultura nacional, algo que não ocorre na mesma medida no Brasil.

O estamento burocrático é, certamente, um reflexo de determinados aspectos culturais brasileiros. Entretanto, rejeita completamente outros aspectos culturais importantes, e em razão disso, acaba criando uma tensão e desarmonia entre governo e povo. Podemos dividir a cultura nacional entre aspectos mais intrínsecos e aspectos mais extrínsecos, sendo os segundos uma consequência direta dos primeiros; os primeiros são gerados nas gerações de forma inconsciente e os segundos já dependem de escolhas um pouco mais racionais e esclarecidas. No primeiro grupo está o paternalismo, o patrimonialismo, o personalismo, o emocionalismo e a resistência à impessoalidade; no segundo grupo estão o conservadorismo, o apego a valores cristãos mais ortodoxos, a valorização do capitalismo, da livre iniciativa e os anseios punitivistas.

Os aspectos culturais intrínsecos são de uma natureza mais geral, no sentido de uma disposição, algo como uma concupiscência. São diretrizes pelas quais nossa cultura funciona e nossa prática é guiada; os aspectos culturais extrínsecos são a prática reiterada e generalizada, mesmo que socialmente reprovada, das pessoas. A cultura intrínseca são os pilares ou o espírito do qual a cultura extrínseca emana, o primeiro é a disposição e o segundo é a praxis.

Em um primeiro momento, creio eu até a Ditadura Civil-Militar, o estamento burocrático estava tão comprometido com a totalidade da cultura nacional quanto o caso japonês. Porém, enquanto os militares governavam, já havia algum tempo, talvez desde a Semana da Arte Moderna de 1922, os que viriam a ser o futuro do estamento burocrático estavam sendo educados sob uma nova perspectiva, cada vez mais revolucionária. A proposta revolucionária em questão pregava a ruptura com a cultura estabelecida, em sua totalidade, mas romper com os aspectos culturais extrínsecos já é difícil, romper com os aspectos culturais intrínsecos é quase impossível. Na prática, quando essa nova geração assumiu o poder após a redemocratização, os aspectos intrínsecos da cultura nacional continuaram seu reinado soberano como sempre foi; mas o estamento burocrático agora está cada vez mais hostil a qualquer forma de conservadorismo, a qualquer valor cristão mais ortodoxo, a qualquer anseio punitivista.

A elite política brasileira abraçou o progressismo, na fé de que esse é o futuro da humanidade, crendo ser esse um destino do qual não se pode fugir, toda humanidade abraçará o progressismo e isso é algo fatalista. A elite até tentou convencer o brasileiro médio da mesma ideia, podemos ver isso através daquela que foi por muitas décadas a grande influenciadora da cultura popular através de sua indústria cultural, a Rede Globo de Televisão. O maior exemplo vem do principal produto cultural desse grande conglomerado de mídia, as telenovelas, que até hoje continuam fortes, embora tenham perdido bastante terreno para os filmes, séries e doramas dos streamings; pode-se observar que a cada novela, os autores escreviam textos mais comprometidos com a contestação dos valores tradicionais. Ocorre que, nesse mesmo período, um grupo cada vez mais comprometido com os valores tradicionais crescia no país, os evangélicos, contra os quais as telenovelas da Rede Globo lutaram a todo instante para estigmatizar. Vejamos, na novela "América" há uma personagem chamada Creusa, uma evangélica completamente estereotipada e absolutamente hipócrita. Em "Decadência", se contava a história de Mariel, um charlatão que funda uma Igreja Evangélica para enriquecer e empoderar-se politicamente, além disso, os evangélicos da trama, de uma forma geral, são ou hipócritas, ou completos imbecis. Ao mesmo tempo em que a Rede Globo entregava personagens evangélicos completamente caricatos e rasos, as mesmas telenovelas se comprometiam completamente na luta pelo fim da estigmatização de homossexuais, mulheres divorciadas ou sexualmente ativas e mães solteiras. O que aponta que a luta da emissora não era exatamente contra a discriminação, mas contra a discriminação de determinados grupos, isso sem entrarmos na abordagem dos evangélicos feita no núcleo de humor.

O Brasil nunca deu certo, sempre houve muitos problemas estruturais, mas isso era de se esperar de um país novo e, de certa forma, bastante artificial. Mas a solução dos problemas estruturais brasileiros vai se tornando cada vez mais impossível de acontecer; pois na história brasileira o estamento burocrático embarca num crescente descolamento dos valores tradicionais, e o ápice disso começa na redemocratização pós-Ditadura Civil-Militar e dura até os dias de hoje. Vejamos, já no Brasil

Império, a visão do governo e a visão que o povo tinha do Catolicismo Romano se chocavam. Embora a Igreja Católica fosse a religião oficial do Estado, esse mesmo Estado tinha a primazia na relação e o catolicismo tradicional não encontrava muitos apoiadores no estamento burocrático, no seio deste, maçonaria e positivismo tinham maior apreço. Mais tarde, o estamento burocrático se descola de mais um valor tradicional brasileiro, a monarquia; a mentalidade nacional valoriza líderes fortes e personalistas, para essa característica a monarquia é perfeita, há a figura de um líder forte e individualizado, mas a monarquia enquanto instituição familiar fornece um freio contra exageros individualistas no poder. Não é por outra razão, que na república, o Brasil experimentou vários tiranos personalistas, cujo maior deles certamente foi Getúlio Vargas. No período Getulista, viu-se um bem-sucedido esforço de massificação nacional por meio da cultura de massa, especialmente através do rádio. Carnaval, samba e futebol se tornaram aspectos comuns do Brasil de norte a sul; mas isso também foi um rompimento promovido pelo estamento burocrático contra o Brasil tradicional, sempre pôde se observar que carnaval não é uma unanimidade no Brasil como a mídia sempre o fez parecer. Já a partir de 1988, o estamento rompe com o restante de harmonia com os aspectos culturais extrínsecos.

Aqui, cabe falar de dois conceitos, Garantismo Penal e sua relação com o Estado Omisso. Na academia brasileira há uma tendência que se origina em alguns de nossos aspectos culturais intrínsecos, podemos denominar essa tendência de igreja e dogma; o normal no mundo acadêmico é o pluralismo de ideias, e embora esse conceito, na teoria, seja pressuposto da atividade acadêmica brasileira, na prática não o é. O correto é que no mundo acadêmico haja diversidade de escolas de pensamento intelectualmente reconhecidas como válidas, essas escolas terão seus adeptos, esses a defenderão, mas o foco deve ser o diálogo e estudo em busca do aperfeiçoamento de todas as escolas. Entretanto, nas universidades brasileiras existe uma tendência deletéria em que, a elite intelectual adota uma escola de pensamento nos moldes do ingresso em uma igreja, a ideia em si passa a ser tratada como dogma, discordantes receberão o tratamento de herege. O ambiente universitário brasileiro é segmentado em igrejas e dogmas e agora vou entrar em uma igreja poderosa no meio jurídico, o Garantismo Penal.

O brasileiro é um povo punitivista, disso não há dúvidas. Basta uma rede de televisão explorar algum problema social que logo, em Brasília, algum deputado federal ou senador logo já apresenta proposta de proibição daquilo que supostamente causa o problema social em questão, interessantemente, geralmente isso não resolve e nem mesmo diminui o problema. Minha posição é que pouca coisa deveria ser considerada crime, e os crimes deveriam ser rigorosamente punidos, nos limites da proporcionalidade. Porém, a mentalidade dominante no Brasil é que se algo me incomoda ou prejudica de alguma maneira, deveria ser punido com cadeia. Isso causa um problema enorme, mesmo para os que defendem punições alternativas, como eu; ocorre que como o Brasil confunde punição com encarceramento, muitas vezes, punições alternativas não são encaradas como punições válidas pelo próprio infrator, e se o infrator não entende sua punição como válida ou à altura da transgressão cometida, se tem um incentivo à reincidência.

A despeito de nossa cultura punitivista, o estamento burocrático adota, sem ressalvas, o garantismo penal. Nas Faculdades de Direito país afora, o garantismo é um dogma religioso e quem ousar contestá-lo sofrerá muitos reveses em sua vida acadêmica. Em primeiro lugar, precisamos entender que não há nenhum problema fundamental com a doutrina garantista, esta surgiu na Itália por intermédio do jurista Luigi Ferrajoli em resposta aos excessos do Estado Italiano na luta contra o terrorismo marxista que dizia combater o fascismo apesar de que, naquela altura, a República Italiana já era uma democracia plena. Em segundo lugar, precisamos salientar que, de fato, não há nada de inovador na doutrina garantista, Luigi apenas rememorou e contextualizou o entendimento de direito penal e processo penal em qualquer democracia plena naquela altura; lembrando que a Itália vivia uma situação anormal de terrorismo doméstico, o que era agravado pela conhecida corrupção sistêmica da política italiana, característica que lembra o Brasil. Então, será que há mesmo um problema na adoção do garantismo penal pelo estamento burocrático brasileiro? A resposta é sim, e vou explicar a razão.

Primeiramente, um estamento burocrático precisa estar em harmonia com os aspectos culturais extrínsecos do povo que ele governa. Pode até haver um esforço consciente para romper com aspectos culturais intrínsecos, quando estes são reconhecidamente prejudiciais, é como um ser humano lutando contra suas concupiscências a fim de melhorar a si mesmo e com isso obter uma melhora na sua vida, mas nunca um esforço consciente contra os aspectos culturais extrínsecos; a única maneira de se mudar esses últimos é com uma mudança cultural que rompa com os primeiros. Uma guerra empreendida contra os aspectos culturais extrínsecos somente vai fortalecer os intrínsecos, essa é a tônica da guerra cultural que vigora no ocidente, um esforço empreendido na direção de uma engenharia social, no qual os detentores do poder creem ter a capacidade de forçar uma ruptura com valores tradicionais só reforça os pilares dos valores tradicionais. Ademais, agora precisamos relacionar a experiência brasileira com o garantismo penal ao conceito de Estado omisso; pois o Poder Público brasileiro não consegue cumprir tudo o que promete. Com a Constituição Federal de 1988, o Brasil optou por um Estado de Bem-estar Social que não coaduna com as possibilidades financeiras da nação, simplesmente assumiu-se um compromisso que não "cabe no nosso bolso", isso é revelado pela relação feita entre a qualidade de nossos serviços públicos com a quantidade de impostos tomados da sociedade para custeá-los. Porém, vamos focar no ponto específico do Sistema Prisional. Em 2006, julgando o HC 82.959-7-SP, o Supremo Tribunal Federal declarou inconstitucional o cumprimento integral da pena em regime fechado para os que cometeram crime hediondo, já em 2012, por meio da súmula vinculante nº 698 do STF foi declarada a inconstitucionalidade da vedação à progressão de regime prevista na Lei dos Crimes Hediondos, com a consequente alteração realizada pela Lei n. 11.464, de 2007, essas duas decisões, na prática, mataram a Lei de Crimes Hediondos, que foi uma iniciativa parlamentar, em resposta a um grande apelo popular para que o Estado promovesse um freio na crescente criminalidade observada desde o fim da Ditadura Civil-Militar. No discurso oficial, o grande motivador desses entendimentos jurídicos é o garantismo penal, manifestado por meio da ideia de que para promover a ressocialização a progressão de regime é essencial e de que a decisão sobre se a pena deve ser iniciada em regime fechado deva ser tomada no caso concreto e que a individualização da pena se choca com a ideia de obrigatoriedade de uma forma estática de início de cumprimento da pena, o resultado disso, dito de uma forma simples é, criminosos nas ruas, agora, não estamos falando de acusados, de réus, estamos falando de condenados no devido processo legal. Ora, embora de forma exotérica a razão seja uma preocupação garantista, me parece evidente que a razão esotérica seja, desencarceramento em razão da precariedade do sistema prisional. A resposta do estamento burocrático, especialmente no Poder Judiciário, às masmorras brasileiras não é uma reforma do sistema prisional, é não sobrecarregar o sistema com condenados, não por delitos menos gravosos, mas os que cometeram crimes gravíssimos.

A experiência brasileira com o garantismo penal, além de estar errada por seu aspecto religioso, também incorre em erro por seu uso hipócrita como escudo contra a resolução de problemas mais profundos. Certa vez, em uma aula de Direito Penal, no 4º período da Faculdade de Direito, uma jovem professora fazia um discurso apaixonado em defesa do garantismo penal, em especial na questão da intervenção mínima; então, a indaguei a respeito da opinião dela sobre a Lei da Violência Psicológica. Leis como essa não seriam a antítese da intervenção penal mínima? A resposta dela foi: "Sou a favor do minimalismo penal e de leis como essa".

A melhor maneira de explicar a Lei da Violência Psicológica são os dois exemplos a seguir. Exemplo 1: um casal, depois de um dia estressante no trabalho, estando em sua residência, acaba discutindo por um motivo banal; nessa discussão, a mulher diz ao homem: 'Seu gordo, careca e inútil', e o homem devolve a ofensa 'Cale a boca, sua vaca frígida'; a fala da mulher não constitui crime, mas a do homem se caracteriza como violência psicológica contra uma mulher. Exemplo 2: Marcela e Josivaldo estão casados há 15 anos, o relacionamento caiu na rotina, Marcela, então, procura seu marido e lhe comunica que, para apimentar a relação e se sentir viva, precisa praticar sexo grupal com 2 ou 3 homens; seu marido, que não possui a mente aberta, então diz: 'Se você fizer isso, te largo, te processo por danos morais e a quem perguntar o motivo do divórcio, conto a verdade sem pensar duas vezes'; pronto! Violência psicológica. Se você está achando esses exemplos algo absurdo, vamos à letra fria da lei.

> Art. 147-B. Causar dano emocional à mulher que a prejudique e perturbe seu pleno desenvolvimento ou que vise a degradar ou a controlar suas ações, comportamentos, crenças e decisões, mediante ameaça, constrangimento, humilhação, manipulação, isolamento, chantagem, ridicularização, limitação do direito de ir e vir ou qualquer outro meio que cause prejuízo à sua saúde psicológica e autodeterminação: (Incluído pela Lei nº 14.188, de 2021)
>
> Pena - reclusão, de 6 (seis) meses a 2 (dois) anos, e multa, se a conduta não constitui crime mais grave. (Incluído pela Lei nº 14.188, de 2021)
>
> Lei Maria da Penha- Lei nº 11.340, de 7 de agosto de 2006. Art. 7º São formas de violência doméstica e familiar contra a mulher, entre outras:
>
> II - a violência psicológica, entendida como

> qualquer conduta que lhe cause dano emocional e diminuição da autoestima ou que lhe prejudique e perturbe o pleno desenvolvimento ou que vise degradar ou controlar suas ações, comportamentos, crenças e decisões, mediante ameaça, constrangimento, humilhação, manipulação, isolamento, vigilância constante, perseguição contumaz, insulto, chantagem, violação de sua intimidade, ridicularização, exploração e limitação do direito de ir e vir ou qualquer outro meio que lhe cause prejuízo à saúde psicológica e à autodeterminação; (Redação dada pela Lei nº 13.772, de 2018)

No primeiro exemplo, temos um insulto degradante que, como todo insulto, causa um dano emocional, e o texto é claro ao tipificar "qualquer conduta que lhe cause dano emocional e diminuição da autoestima". Já no segundo exemplo, a esposa acredita que participar de sexo grupal é essencial para seu pleno desenvolvimento, o que é um conceito subjetivo. O marido, por sua vez, além de negar permitir que sua esposa use seu corpo como bem entender, ainda lhe faz três ameaças para dissuadi-la: divórcio, processo judicial e publicizar a proposta da esposa. Porém, a Lei é clara ao dizer "lhe prejudique e perturbe o pleno desenvolvimento ou que vise degradar ou controlar suas ações, comportamentos, crenças e decisões, mediante ameaça, constrangimento, humilhação, manipulação, isolamento, vigilância constante, perseguição contumaz, insulto, chantagem, violação de sua intimidade, ridicularização".

Em suma, a Lei da Violência Psicológica leva o direito penal para o campo fluido, complicado e cinza dos relacionamentos amorosos. É extremamente mal redigida, subjetiva, praticamente uma norma penal aberta e, sendo assim, punitivista, jamais garantista. Ainda assim, nas Faculdades de Direito, o duplipensar justifica cada nova norma penal que surge, levando o direito penal a ser cada vez menos a última saída.

Mas agora, sei que muitos me questionam: leis como

essa não são essenciais em um país violento com as mulheres como o Brasil? Quanto a isso, tenho dois argumentos, um mais simples, outro mais complexo. Vejamos, o Brasil não é um país particularmente violento contra as mulheres, o Brasil é um país violento de uma forma geral, onde a maior parte dos homicídios vitima os homens, assim como os latrocínios e os sequestros. A sociedade brasileira é violenta, isso se reflete também na violência contra as mulheres e outras minorias, mas essa violência se encaixa em um problema geral, não particularista. Prossigamos ao raciocínio principal do problema de leis como a Lei da Violência Psicológica.

A raiz do problema é a ideia de igualdade material. A lógica não é complexa de se entender, desafiando a ideia liberal de que o Estado deve tratar a todos, formalmente, como iguais, surgiu a corrente que afirma que o Estado deve igualar as pessoas para além do aspecto formal, de forma material. Assim sendo, após garantir que as pessoas estejam materialmente iguais, pode-se falar em igualdade formal perante a lei. Por conseguinte, a ideia embasa a prática jurídica de o Poder dar meios práticos para que um lado mais fraco de uma relação chegue ao nível do lado mais forte, não apenas no papel, mas na realidade fática. Nos relacionamentos amorosos heterossexuais, parte-se da premissa de que as mulheres são a parte mais fraca e o homem a mais forte, então, se nega igualdade formal entre eles perante o Estado, pelo contrário, o Estado cria mecanismos jurídicos de empoderamento feminino até se chegar a um ponto em que, nos relacionamentos, ambos estejam no mesmo nível de poder; os proponentes dessa ideia admitem que deve-se tomar cuidado para que os mecanismos de empoderamento não ultrapassem a medida da igualdade e acabem transformando o oprimido em opressor.

Para elucidar o grande problema dessa proposta que, no Brasil, é a ortodoxia jurídica, lanço mão de uma teoria econômica proposta por F. A. Hayek.

Hayek, ao explicar a razão pela qual uma economia planificada não pode prosperar, nos elucida que o conhecimento necessário ao planejamento econômico está disperso pelo mundo, entre os indivíduos. Cada pessoa pode, em algum momento da vida, em razão de sua personalidade e de sua observação do mundo e da sociedade, chegar a um insight sobre demanda, oferta e alocação de recursos; sendo assim, um órgão centralizado jamais poderá obter toda informação necessária a respeito das necessidades mercadológicas, por isso, toda economia centralmente planificada irá fracassar em algum momento, ela sempre será incapaz de alocar recursos escassos de maneira eficaz.

A ideia de que o Estado pode distribuir privilégios a grupos historicamente oprimidos para contrabalancear privilégios de grupos historicamente opressores para igualá-los materialmente sempre irá fracassar e acabará apenas inverter papéis de opressão. Isso porque o Estado não tem a informação que seria necessária para produzir igualdade material; a menor minoria é o indivíduo e, sendo assim, não adianta acreditar que a igualdade se constrói por arranjos coletivos, o Estado, para ter alguma chance de produzir igualdade material, teria de analisar cada relação de poder, a ideia de que mulheres são historicamente hipossuficientes em um relacionamento passional ou mesmo na sociedade de uma forma geral não arranha a complexidade das relações humanas. A questão não é negar que as mulheres tiveram de se submeter a injustiças e opressão em razão de seu gênero, e sim reconhecer que dar privilégios legais a elas é inviável, pois mais cedo ou mais tarde os privilégios distribuídos irão constituir um novo arranjo de poder onde o mais fraco se torna o mais forte e usará sua força para oprimir impunemente.

Em 2019, o jogador de futebol Neymar Junior foi acusado de estupro, após as investigações, o Ministério Público entendeu se tratar de uma acusação falsa e apresentou denúncia à Justiça contra a acusadora por denunciação caluniosa, a Justiça não acolheu a denúncia do Ministério Público. Denúncias falsas de estupro e abuso sexual não são incomuns no Brasil, no entanto, não há estatística oficial a respeito disso, o que já mostra como isso preocupa nossas autoridades. A questão é simples, se uma mulher acusa um desafeto de estupro falsamente e a mentira prospera, a pena vai de 6 a 10 anos se a vítima for maior de idade, sem doença que lhe dificulte ou impossibilite a defesa e que não esteja, por algum motivo, momentaneamente incapaz de resistir. Já a pena por denunciação caluniosa vai de 2 a 8 anos, o que significa que, se a condenação for na pena mínima, até o limite de 4 anos, a pena restritiva de liberdade é substituída por pena restritiva de direito ou penas alternativas. Isto é, há uma completa desproporção entre o estrago que o crime de falsa denúncia de estupro pode causar e a pena que ele pode acarretar.

Hoje, juridicamente, já temos uma situação na qual as mulheres estão em posição de superioridade em relação aos homens. No tribunal, a mulher já entra tendo um veredito favorável e o homem precisa se esforçar para não ser condenado, mesmo sendo inocente, provas são cada vez menos necessárias diante das palavras de uma mulher em lide com um homem. Me recordo de novembro de 2020, o jornal The Intercept Brasil publicou uma reportagem sobre uma acusação de estupro impetrada por Mariana Ferrer contra André Camargos Aranha, o veículo de imprensa alardeou que o juiz absolveu o réu por "estupro culposo", o que equivale afirmar tratar-se de um estupro sem a intenção de estuprar, diante de uma tese tão absurda, a sociedade brasileira parou em defesa da mulher que estaria sendo vítima de machismo estrutural. Contudo, não há nos autos do referido processo qualquer menção a algo próximo de "estupro culposo", o réu foi absolvido por falta de provas, seguindo aquela máxima do Direito que qualquer pessoa conhece, "Na dúvida, inocenta-se o réu". Posteriormente, diante de inúmeras críticas, o jornal publicou matéria dizendo que o termo era apenas uma colocação para elucidar e simplificar o entendimento do que sua linha editorial considerava um veredito injusto e que no título da matéria o termo polêmico se encontrava entre aspas, algo que todo jornal faz quando usa um termo coloquial para deixar a questão mais inteligível. Contudo, aspas também são um artifício para indicar citação direta.

O máximo que o Estado pode oferecer a partes desiguais, sem se tornar um provocador de injustiças por meio de um processo, é a igualdade formal perante a lei. E convenhamos, o que empodera é o dinheiro, o que os negros precisam é de dinheiro, o que as mulheres precisam é de dinheiro, o que os homossexuais precisam é de dinheiro, o que os marginalizados precisam é de dinheiro.

Existe um tema, porém, no qual o estamento burocrático desafiou um aspecto cultural extrínseco do brasileiro e acabou por conseguir mudar a cultura no quesito em questão, a pauta sexual. Dos anos 60 para cá, a sociedade brasileira se tornou cada vez mais sexualmente liberal, e isso teve consequências, aumentou o número de divórcios, aumentou o número de mães solteiras, aumentou o número de famílias disfuncionais, aumentou o número de casamentos não heteronormativos, o sexo casual deixou de ser um tabu e o adultério segue popular como sempre, explícito como nunca. Esse fenômeno vai contra a teoria apresentada até aqui? Não, nessa questão houve o caminho oposto, a sexualidade moralista brasileira sempre foi hipócrita, pois a permissividade sexual é um aspecto intrínseco da cultura nacional. Basta verificar nossa história, das sexualidades indígenas e africanas, temos uma liberdade sexual diametralmente oposta à moral cristã, em muitas tribos que habitavam o território o adultério era comum e seguia a seguinte tradição: os guerreiros mais velhos tinham livre acesso às moças mais jovens e os rapazes, sem ter como competir com os patriarcas, adulteravam com as esposas destes, essas já trocadas pelos maridos, no dia a dia, pelas jovens. O português colonizador e escravagista trouxe para essa equação apimentada a boa e velha hipocrisia e disposição para trair todos os preceitos sexuais católicos, sobretudo com suas escravas, essas muitas vezes violadas, noutras tantas, conquistadas de forma romântica, a quantidade de alforria dada às negras e mestiças já nos dá o tom de que muita liberdade foi conquistada na cama, através de sexo sem tabus. Sendo assim, a única coisa que o estamento burocrático precisou fazer foi convencer o grosso da população de que a dissimulação não faz mais sentido, os homens não precisam agir com uma pretensa rigidez enquanto frequentam bordéis após o trabalho nas sextas-feiras ou convivem com sua segunda família aos fins de semana; e as mulheres podem se entregar totalmente à felicidade de se sentir sempre gostosas e desejadas, mostrando o máximo possível do seu corpo e não precisam mais se sentir culpadas, mas orgulhosas de serem tão infiéis ao casamento quanto os homens brasileiros.

Atualmente, estamos vivendo um movimento global de contestação aos estabelecimentos encabeçados por uma nova direita. Desde o fim da Segunda Guerra Mundial, especialmente no ocidente, houve uma mudança quase completa dos valores socialmente aceitáveis; de maneira que a moral esquerdista, outrora contracultural, contestadora dos valores predominantemente cristãos se tornou amplamente aceitável, normalizando comportamentos e filosofias amplamente rejeitadas pela moral coletiva ao ponto de terem sido considerados criminosos no ocidente até o pós-guerra. Casamento homoafetivo, mudança de sexo, teoria do gênero fluido, ideologia de gênero, feminismo de terceira e quarta onda, normalização do erótico no cotidiano e legalização do aborto são as principais manifestações da mudança de paradigma ético-moral da pós-modernidade. Nesse sentido, do ponto de vista dos valores culturais, a direita tradicional acabou se vendo em meio a um furacão de mudanças comportamentais aos quais ela não tinha meios de frear, ou talvez nem mesmo a vontade necessária, ficando circunscrita à defesa do liberalismo econômico. A esquerda global foi muito bem-sucedida na ocupação de espaços e no marketing de suas ideias, fazendo uso magistral da grande mídia na propaganda de seus valores, tornando-os cada vez mais palatáveis de geração em geração; com o tempo, a esquerda se tornou o establishment universitário, escolar, jornalístico, artístico e até mesmo empresarial, ao menos em termos das grandes corporações. Contudo, valores culturais são resilientes; e embora houvesse o predomínio no debate público por parte da esquerda somado a um pretenso monopólio da virtude dela, os valores tradicionais e conservadores nunca foram realmente suplantados, apenas silenciados.

Tudo começa a mudar pelos idos de 2010, nos Estados Unidos surge o Movimento Tea Party; na Rússia a aliança de Vladmir Putin com a Igreja Ortodoxa Russa acaba tornando o país outrora comunista uma espécie de bastião do conservadorismo cristão, na Europa a insatisfação com o agigantamento do estamento burocrático da União Europeia e seu apoio maciço às pautas progressistas fortalece a extrema-direita, nesse contexto, no Brasil, país no qual o poder caiu no colo da esquerda progressista pós-redemocratização, também surgiu um discurso anti-establishment por parte de uma nova direita conservadora. Na raiz de cada um desses movimentos está a popularização da internet, em especial das redes sociais, que quebrou o oligopólio da grande mídia e permitiu que os conservadores voltassem ao debate público de igual para igual com o campo progressista, que foi perdendo o monopólio da virtude. No entanto, a nova direita brasileira fracassou por completo em suas aspirações anti-establishment, tendo sido destroçada pelo estamento burocrático nacional e provando não ter em seus quadros um corpo técnico e intelectual minimamente à altura de um enfrentamento contra uma das burocracias mais poderosas do mundo contemporâneo.

Em um primeiro momento, a nova direita brasileira mostrou-se uma força incrivelmente poderosa, varrendo o país elegendo de primeira muitos governadores, deputados federais e senadores, até mesmo transformando um obscuro deputado federal do baixo clero em presidente da república em sua primeira tentativa de conquistar uma eleição majoritária. Jair Bolsonaro foi eleito em 2018 com um discurso de enfrentamento ao status quo, ancorado numa nova forma de fazer política, mais ética e assertiva; abandonando o passado econômico desenvolvimentista e promovendo valores de livre iniciativa e conservadorismo. Contudo, logo nos primeiros meses de governo nos deparamos com um governo pueril, incapaz de proceder a uma leitura correta e sistemática da realidade política da nação, incapaz de conceber uma estratégia racional válida, sem um objetivo abrangente e sistemático e liderado por uma figura patética, ignorante, cuja imagem era incapaz de passar seriedade e totalmente inapta para fazer política, diante desse quadro, logo o governo liberal passou a um enfrentamento louco, desmedido e sem qualquer chance de vitória para com instituições de estado como o Congresso e, especialmente, o Supremo Tribunal Federal.

Historicamente, a direita sempre esteve mais voltada ao Ser e a esquerda ao Dever Ser. Por seu caráter revolucionário, o campo da esquerda progressista sempre encarou a realidade fática como nada mais, nada menos do que aquilo que deveria ser mudado, transformando-a em outra coisa e a direita sempre entendeu que o conhecimento do mundo e do homem como eles são é essencial para se evitar cometer erros traumáticos baseados em vontades utópicas, que vão contra a natureza das coisas. Porém, no Brasil essas lógicas foram invertidas.

Quando os militares assumiram o poder através do Golpe de 1964, a esquerda brasileira se dividiu em duas: formou-se o grupo da luta armada que essencialmente não aceitava aquela realidade e queria mudá-la à força, e a esquerda que, apesar de discordar completamente do status quo, entendia que aquela era uma realidade contra a qual não adiantava lutar por meios violentos, essa esquerda estudou a situação e encontrou as brechas necessárias para, no longo prazo, poder mudar o sistema. Os militares davam valor a uma aparência de democracia, e por isso permitiram uma oposição controlada, e foi assim que a esquerda — especialmente social-democrata — foi espalhando seus tentáculos pela burocracia e grande mídia. Quando a Ditadura Civil Militar terminou, muitos acreditavam que a esquerda estava dividida entre a velha guarda de Leonel Brizola e a jovem guarda de Luís Inácio, e quando Collor foi eleito com seu discurso liberalizante, todos acreditaram que a ameaça da esquerda no poder — que naquela altura não tinha nenhum aspecto de moderação — estava dissipada. Entretanto, a estratégia da esquerda social-democrata logrou êxito, a burocracia, a elite acadêmica e a mídia estavam tomadas pela esquerda progressista, a ponto de a ministra da economia de um governo pretensamente liberalizante cair nas mãos de uma economista outrora membro do Partido Comunista do Brasil. Aliás, pouco importa se Zélia Cardoso era, de fato, comunista ao assumir seu posto no governo, como dito anteriormente, boa parte do ideário social-democrata se tornou ortodoxia intelectual em diversos cursos por todas as universidades nacionais, públicas ou privadas.

Quando a extrema-direita bolsonarista assumiu o poder em 2019, seu líder e seu primeiro escalão agiam como se, em nome da eleição vencida, pudessem solapar todo um sistema constituído e em pleno funcionamento desde antes do fim da Ditadura Civil-Militar. Quando Deng Xiaoping assumiu o poder na China, sabia que governava um Estado Socialista e que teria limites ao que poderia fazer, assim como quando Mikhail Sergeevitch Gorbachev assumiu o poder na União Soviética, sabia que havia limites ao que poderia fazer, ainda que ambos, em razão das condições específicas de seus regimes ao tempo em que assumiram a chefia do governo, pudessem ter grande liberdade de ação. Quando um presidente assume o governo no Irã, ele sabe que está chefiando o governo de um estado teocrático islâmico e que, portanto, há limitações ao que pode fazer; quando um primeiro-ministro assume o poder no Marrocos ou Jordânia, sabe que há uma monarquia poderosa na cabeça do estado, então haverá limites ao que pode fazer.

O Brasil é uma república social-democrata, cuja constituição de caráter dirigista veda qualquer tentativa de mudança desse status quo. Sendo assim, se um liberal chega ao poder, não pode simplesmente liberalizar em sentido amplo, pode liberalizar em sentido restrito, ou seja, abrandar um pouco a rigidez da social-democracia; da mesma forma, se um socialista chegar ao poder, não pode ir em direção a um socialismo mais ortodoxo, no máximo ele vai poder tornar a estrutura social-democrata um pouco mais rígida. A ideia de que o povo pode mudar os rumos do governo, elegendo governantes de diferentes matizes ideológicas, é uma ilusão que não encontra qualquer possibilidade constitucional, e o principal garantidor da estrutura social-democrata do Estado é o Supremo Tribunal Federal, que em nosso sistema faz as vias de um politburo, conselho supremo de manutenção do regime social-democrata. Conforme nos ensina Ferdinand Lassalle, a legitimidade de uma carta magna é sua conformidade aos fatores reais de poder, e os principais fatores de poder no Brasil contemporâneo são a Constituição Social-democrata de 1988, o STF como guardião do regime, a economia ancorada no estado forte e intervencionista, a sociedade dependente da distribuição de benesses estatais — seja o dinheiro que impede o mais pobre de sucumbir à fome ou os fundos que financiam o grande empresariado — e o estamento burocrático socialista moderado. Um governo precisa ter em mente essa realidade para não se transformar em um total fracasso.

Paradoxalmente, no Brasil, a esquerda soube entender muito bem o Ser; enquanto a direita se apega a um sentimento infantil de Dever Ser. Qualquer conservador que assuma o governo federal precisa se ver como um presidente iraniano diante do Conselho dos Guardiões (aqui não há Aiatolá, ainda), ou melhor, precisa ter o que a esquerda moderada teve na altura do Golpe Militar, um sólido conhecimento da realidade, uma boa estratégia a curto, médio e longo prazo e a competência para colocar a estratégia em prática de forma inteligente e perspicaz, aspectos que não se destacam em nenhuma liderança direitista da atualidade e dos quais o líder mais distante é o ex-presidente Jair Messias Bolsonaro.

A realidade do Estado descrita aqui tem sido ignorada pela direita, seja liberal ou conservadora, no entanto, é muito bem entendida pelo establishment. Em 2020, enquanto ainda era membro do Supremo Tribunal Federal, sendo inclusive o decano da Corte, o jurista Celso de Mello disse numa carta "privada", mas amplamente divulgada pela imprensa:

"É preciso resistir à destruição da ordem democrática, para

evitar o que ocorreu na República de Weimar, quando Hitler, após eleito por voto popular (...) não hesitou em romper e em nulificar a progressista, democrática e inovadora Constituição de Weimar"

Para boa parte do estamento burocrático, o Brasil é o que a República de Weimar poderia ter sido, caso Hitler não tivesse chegado ao poder. Mal sabem eles que Weimar iria cair de qualquer forma, pois era um arranjo político em total desacordo com os aspectos culturais intrínsecos e extrínsecos do povo alemão daquela época, tendo raízes apenas na burocracia social-democrata que habitava Berlim.

BRASIL PENTECOSTAL

Sou de uma família evangélica pentecostal e fui criado numa Assembleia de Deus filiada à CGADB, a maior igreja evangélica brasileira. Fundada no Brasil em 1911 por dois missionários suecos, Gunnar Vingren e Daniel Berg, ela cresceu rapidamente no território nacional, ultrapassando em questão de décadas as denominações evangélicas tradicionais (Batistas, Presbiterianos, Luteranos, Metodistas, Congregacionais, Anglicanos e Adventistas do 7º Dia). Após isso, outras igrejas pentecostais surgiram e também ultrapassaram em número de fiéis as denominações fiéis ao protestantismo histórico. Por fim, no seio do catolicismo romano brasileiro, surgiu o movimento da Renovação Carismática, confirmando que o Brasil é pentecostal.

Como podemos definir o pentecostalismo? A doutrina básica do movimento pentecostal é o Continuísmo. Nos Evangelhos e em Atos dos Apóstolos, são descritos alguns dons espirituais no meio da cristandade, como o dom de línguas (falar e interpretar), o dom de cura e o dom de profecia. Os dons não são apenas esses citados, mas os elencados aqui são de caráter sobrenatural; historicamente, a ortodoxia cristã, seja ela Católica, Ortodoxa Oriental ou Protestante, entende que esses dons eram para os primeiros anos da igreja e que foram cessando à medida que os textos bíblicos se tornaram conhecidos por toda a Igreja e a comunidade cresceu e amadureceu.

Mas, no alvorecer do século XX, o movimento pentecostal surgiu, a partir de raízes lançadas desde o Segundo Grande Despertar nos Estados Unidos. O movimento cresceu no mundo todo, mas em nenhum lugar como na América Latina, e em nenhum país latino-americano como no Brasil. Sua mensagem era relativamente simples naquela altura: os dons espirituais não cessaram; o que havia cessado era a busca por eles, e eles ainda estão disponíveis para uso, inclusive os dons de caráter sobrenatural.

Bom, mas agora vamos focar na minha experiência no seio de duas denominações pentecostais brasileiras: a Assembleia de Deus e a Igreja Batista da Lagoinha. Estive assiduamente no meio assembleiano desde o meu nascimento até os 16 anos de idade e, posteriormente, dos 18 aos 21 anos; dos 16 aos 18 anos, fui frequentador assíduo da Igreja Batista da Lagoinha. Na Assembleia, cheguei a ocupar o cargo de professor de escola bíblica dominical e na Igreja Batista da Lagoinha, ocupei a função de líder de célula.

Lembro-me da ansiedade e do desconforto que me causavam as manifestações mais espalhafatosas atribuídas ao Espírito Santo na Congregação na qual fui instruído, um pequeno, mas sempre cheio, templo das Assembleias de Deus na cidade de Nova Lima – Minas Gerais, bairro Cabeceiras. As pessoas ansiavam por aquelas manifestações como sinal de profunda espiritualidade e intimidade com Deus, mas, mesmo sendo criança, eu não via com bons olhos a ideia de perder meu autocontrole e fazer coisas anormais. Como a criança curiosa que eu era, indagava as pessoas a respeito daquilo. Foi nesse período que descobri que meu pai nunca havia passado pela experiência denominada no meio carismático como Batismo no Espírito Santo ou Batismo com Fogo, por mais que ele tenha buscado. Outros adultos já batizados me garantiram que, ao contrário do que eu imaginava, a pessoa mantinha plena consciência e lucidez durante as manifestações, o que me fez questionar, até que ponto, então, aquilo era obra do Espírito Santo. Eu era uma criança questionadora e não tinha preguiça de pensar, mas ainda não tinha os meios intelectuais para discernir sobre aquela questão.

Nasci em 1996 e até os meus 15 anos de idade, vivenciei um momento de grande euforia no evangelicalismo brasileiro, um crescimento exponencial, aumento do prestígio social e influência político-cultural, e a perspectiva cada vez mais forte de que o Brasil se tornaria uma nação de maioria evangélica. A partir dessa perspectiva, conjecturava-se os benefícios que o crescimento do número de evangélicos traria ao país, como aumento da renda e da classe média devido à valorização da livre iniciativa em detrimento de transferência de renda governamental; diminuição da criminalidade; diminuição do alcoolismo e consumo de outras drogas; diminuição do número de divórcios e diminuição da corrupção política. Estamos em 2023, e nenhuma dessas conjecturas se transformou em realidade.

O número de evangélicos no Brasil cresceu cerca de 61,5% em dez anos, de acordo com levantamento divulgado com base no Censo 2010 do IBGE, que também apontou a continuidade na queda de católicos romanos no país. Segundo o Barna Group, instituto de pesquisa que se dedica a estudar o ambiente cristão e seu impacto na sociedade, o percentual de divorciados é o mesmo entre evangélicos, católicos e pessoas de outras religiões ou sem afiliação religiosa, em torno de 25%. Ou seja, o número de divórcios entre evangélicos só cresce. Além disso, não é incomum ver nomes ligados à Bancada Evangélica no Congresso Nacional envolvidos nos diversos escândalos de corrupção que rotineiramente tomam as páginas dos jornais.

Tudo isso suscita algumas questões: Por qual motivo o crescimento evangélico produziu tão pouca mudança positiva na sociedade? E por que, apesar dessa questão, o número de evangélicos continua a crescer?

Vale lembrarmo-nos de que, dentre as denominações históricas, segundo o IBGE, as únicas que cresceram significativamente são as Igrejas Batistas e os Adventistas do Sétimo Dia. Contudo, boa parte das Igrejas Batistas aderiu ao movimento renovado, ou seja, adotaram a doutrina pentecostal. Já os Adventistas são considerados por muitas igrejas — sejam pentecostais, neopentecostais ou históricas — como uma seita, em razão de algumas de suas peculiaridades teológicas, como a guarda do sábado, a ideia de um juízo investigativo em andamento nos céus, o papel dos escritos de Ellen White, a doutrina do sono da alma e aniquilação dos ímpios no Juízo Final.

Agora, passarei à resposta das questões apresentadas: Por qual motivo o crescimento evangélico produziu tão pouca mudança positiva na sociedade? E por que, apesar da primeira questão, o número de evangélicos continua a crescer?

A cultura, a cultura nacional é a resposta. Outrora, o evangelicalismo lutava para ter uma cultura própria, mas isso acabou nos primeiros anos do século XXI.

Há alguns anos, eu era membro e professor de Escola Bíblica Dominical na Assembleia de Deus e estava num relacionamento amoroso com uma moça da minha congregação. A família dessa moça tinha uma peculiaridade relativamente comum no meio pentecostal: o costume de mudar corriqueiramente de denominação — chamamos esse tipo de crente, jocosamente, de "crente macaco", pois estão cada dia num galho diferente. Certa feita, estava eu na casa dessa família quando presenciei uma ligação da matriarca com sua mãe. Vou reproduzir fielmente o que ouvi, pois esse diálogo nunca mais saiu das minhas memórias; lembro-me como se fosse ontem:

— Estou querendo visitar a igreja do pastor (...) na próxima semana, vai ter um profeta lá que conta até a quantidade de fios de cabelo que uma pessoa tem na cabeça.

A interlocutora falou algo, e posteriormente minha ex-sogra continuou:

— É Deus, mãe, uai. Quem sabe essas coisas é Deus; isso é coisa de Deus, por isso quero muito ir lá.

Fiquei estupefato com o fato de essa mulher, nem por um minuto, ter cogitado a possibilidade de se tratar apenas de um charlatão.

Bom, há três tipos de celebração que lotam um templo evangélico: culto de revelação, culto de cura e milagres e a Santa Ceia do Senhor. O que nos traz de volta à questão dos aspectos culturais intrínsecos e extrínsecos: a credulidade é um aspecto cultural extrínseco do brasileiro médio, que, por sua vez, advém do fato de o brasileiro ser um povo supersticioso, um aspecto cultural intrínseco do brasileiro médio. O protestantismo histórico, até hoje, tem, via de regra, um êxito excepcional em incutir em seu arraial a importância de rejeitar a superstição e a credulidade excessiva e desarrazoada. Porém, o Pentecostalismo de primeira onda, dado às suas manifestações como línguas estranhas, profecias e milagres, fenômenos pouco racionais, já precisou aceitar uma abertura maior à credulidade e superstição, sob a justificativa de que Deus é insondável, que sua presença precisa ser sentida em detrimento de compreendida e baseada numa interpretação bastante questionável da frase: "A letra mata, mas o espírito vivifica", contida em II Coríntios 3:6; o assunto que o apóstolo Paulo trata ali é a oposição entre a Lei veterotestamentária e a liberdade cristã trazida pelo sacrifício daquele que cumpriu toda a Lei mosaica em plenitude, sem tropeçar em nada. A letra que mata é o legalismo judaico; o espírito que vivifica é o Espírito Santo que habita apenas nos cristãos, salvos pela fé sem obras, mas cujas obras revelam sua salvação, sem o peso da ideia de que o sujeito precisa ser legalista para ser aceito por Deus. Contudo, a interpretação histórica que o pentecostalismo deu a essa máxima de Paulo é: a letra que mata é a teologia e o estudo bíblico, são os dogmas extraídos da Bíblia por meio de um processo racional e o espírito que vivifica é o Espírito Santo, manifestando-se por meio da liberdade de se agir conforme o sentimento trazido por sua presença, um aspecto mágico da Fé Cristã.

O fato exposto nos leva a outro aspecto cultural extrínseco do brasileiro, que o pentecostalismo abraçou completamente: o Anti-intelectualismo. Um pastor de uma igreja histórica estuda, no mínimo, quatro anos para assumir o pastorado; no meio pentecostal, geralmente, basta ser carismático e um bom orador; no meio neopentecostal, basta poder abrir sua própria denominação. Agora, vejamos alguns fatos: fato 1: a educação básica oferecida ao brasileiro é muito deficitária; fato 2: segundo dados oficiais, o Brasil tem cerca de 38 milhões de analfabetos funcionais (pessoas que sabem ler, porém não sabem interpretar um texto corretamente) e fato 3: o protestantismo é uma religião de livro sagrado, o motor da fé são textos, muitos deles de difícil compreensão. Sendo assim, o que pode vir de bom de uma denominação cujos pastores, muitas vezes, sequer possuem o ensino médio?

Nessa mesma linha, na minha longa jornada dentro da Assembleia de Deus, me deparei com outra questão de natureza intelectual. A Teologia da Prosperidade tomou o evangelicalismo brasileiro, essa doutrina, do ponto de vista teológico é facilmente desmentida e desmoralizada, afinal, é uma ideia simplista feita para ludibriar gente simples. No entanto, tem grande apelo popular, sobretudo em países pobres ou emergentes, como é o caso do Brasil. Essa doutrina nasceu nos Estados Unidos e seu pai foi um ex-pastor da Assemblies of God, Kenneth Hagin. Oficialmente, tanto a Assembleia de Deus brasileira quanto a sua irmã norte-americana rejeita os postulados dessa teologia. Porém, na Assembleia de Deus a prática cada vez mais destoa da teoria; uma vez que é extremamente comum nos cultos assembleianos os pregadores fazerem sermões carregados de máximas da teologia da prosperidade, essa situação já é bastante problemática; mas ela encobre um aspecto ainda mais grave.

Me chamava muita atenção, nos meus anos de assembleiano, o seguinte fenômeno. A Assembleia de Deus é proprietária da maior editora cristã do país, a CPAD (Casa Publicadora das Assembleias de Deus), que conta com publicações teológicas de excelente qualidade, sendo essa editora responsável pelo material pedagógico usado nas Escolas Bíblicas Dominicais, material que corriqueiramente proporciona aprofundados estudos denunciando os erros da Teologia da Prosperidade. Entretanto, em incontáveis domingos eu presenciei algo que me deixava chocado: pela manhã, na EBD, temos uma excelente lição explicando os males do triunfalismo, apego às bênçãos materiais, decretacionismo e outras maluquices neopentecostais; as pessoas ouvem e dizem amém. Daí, chega a noite trazendo consigo o culto noturno, principal celebração semanal da igreja; nesse culto, várias vezes, o pregador, seja ele da própria congregação ou convidado, prega tudo que foi condenado como heresia pela manhã na EBD e as mesmas pessoas que disseram amém de manhã para a lição, dizem amém, glória a Deus e aleluia diante das palavras diametralmente opostas ao que aprenderam como correto na Escola Dominical. O que me faz questionar: ou essas pessoas não entenderam a lição matutina, ou não estão entendendo o conteúdo do sermão noturno, ou não estão entendendo nada.

Aos 16 anos, resolvi mudar de denominação. A congregação na qual eu cresci tinha uma quantidade escassa de adolescentes na época da minha vida; além disso, talvez por eu ter crescido lá, sendo um rapaz tímido, antissocial e desengonçado, não tinha muitas amizades por lá. Então, procurei uma igreja mais voltada ao público jovem, foi quando um amigo de escola, recém-convertido do catolicismo ao protestantismo, me convidou para conhecer a filial nova-limense da famosa mega igreja belo-horizontina Igreja Batista da Lagoinha. Empolgado, visitei-a pela primeira vez numa célula destinada aos adolescentes e fui prontamente acolhido. Dentro de alguns meses, comecei a namorar uma moça membra de lá e também me tornei um dos líderes da célula de adolescentes. Nesse mesmo período, por coincidência, comecei a ter contato, através do YouTube, com a teologia calvinista por meio de reverendos como Augustus Nicodemos, Hernandes Dias Lopes, Walter McAlister, Yago Martins, entre outros. Nessa época, também comecei a acompanhar o canal Novo Tempo, veículo de mídia da Igreja Adventista do Sétimo Dia; acompanhava com mais interesse os sermões de dois pastores em especial: reverendo Ivan Saraiva e reverendo Neumoel Stina. Foi nesse momento que comecei a observar o problemático modus operandi da igreja dos Valadão.

Antes de prosseguirmos no exame da minha experiência na IBL, passemos a um breve resumo da história dessa importante denominação religiosa, e a importância dela é muito impactante. A princípio, a IBL seria a Sexta Igreja Batista de Belo Horizonte, tendo sido fundada em 1957. Porém, esse foi um período de ebulição dentro do protestantismo histórico brasileiro; não havia 50 anos que a Assembleia de Deus havia sido fundada, outra denominação pentecostal, ainda mais fundamentalista que a Assembleia de Deus, a Congregação Cristã no Brasil, havia sido fundada um ano antes que a Assembleia, e naquela altura, ambas já desbancavam em número de membros as igrejas tradicionais. Então, no seio dessas igrejas, especialmente entre batistas e presbiterianos, surgiu um movimento de renovação, cujo propósito era muito simples: trazer para essas denominações a doutrina e prática pentecostal. Esse esforço causou muita contenda; as igrejas históricas permaneceram fiéis aos seus postulados e os reformadores acabaram por criar outras igrejas, como a Igreja Presbiteriana Renovada e a Igreja Metodista Wesleyana. Nesse contexto, a Sexta Igreja Batista de Belo Horizonte, pastoreada por um renovado de renome, José Rego do Nascimento, adotou a prática pentecostal, sendo expulsa da Convenção Batista Brasileira junto de outras congregações que se renovaram; essas congregações se juntaram e criaram a Convenção Batista Nacional, a principal agremiação de Igrejas Batistas que foram pentecostalizadas.

Anos mais tarde, após a morte de José Rego do Nascimento, o conselho geral da IBL elegeu o reverendo Márcio Valadão como seu pastor titular, e aí uma transformação institucional obscura ocorreu no seio da congregação. Desde seu nascimento, apesar da mudança teológica, a IBL seguia a estrutura institucional padrão das Igrejas Batistas, isto é, a democracia governamental, conhecida como congregacionalismo. Nesse modelo, a igreja local é autônoma e as decisões administrativas importantes são tomadas por votação em assembleia geral; a igreja também elege anciões, também denominados diáconos, que formam um corpo administrativo para as questões do dia a dia; o pastor é contratado pela igreja por meio de votação da assembleia geral, a contratação se dá por mandato que geralmente é de quatro a seis anos, o salário e as atribuições pastorais também são definidos com aprovação em assembleia geral. Contudo, em algum momento, a IBL se transformou em uma igreja episcopal, onde um bispo superpoderoso decide e governa de forma quase autocrática e personalista; não há mais assembleia geral e o diaconato perde seu caráter administrativo. Não foi possível estabelecer como isso se deu na IBL, faltam fontes, e isso não é explicado no site da denominação, no qual há um grande artigo contando um resumo detalhado de sua história.

Depois dessa contextualização, é preciso dizer o que mais me chamou atenção na Igreja Batista da Lagoinha: o forte apelo emocional, que muitas vezes se traduzia em emocionalismo barato. Parece que toda a liturgia é desenhada com um único propósito: fazer o cultuador chorar e entrar em estado emotivo profundo. O meio principal para lograr êxito é a música, expressão pela qual a instituição se destacou através do grupo de louvor Diante do Trono; músicas com letras simples e escassas, refrão repetitivo, melodia melancólica, pessoas em pé, um músico que liga uma música a outra com uma frase de efeito, olhos cerrados, uma verdadeira sessão de musicoterapia. O sermão também muitas vezes é carregado de sentimentalismo, a começar pela entonação do pregador. A Lagoinha também lança mão de uma programação especial, chamada Encontro com Deus, na qual todos são fortemente encorajados a participar, especialmente os novatos. Trata-se de um retiro espiritual, do qual eu não participei por aquilo me cheirar a pura bobagem; estudando sobre essa ideia, que não é original da IBL, me deparei com relatos de algo que beira a reprogramação neural. Aliás, muitas vezes tive a impressão de que o poder sobrenatural do Espírito Santo para salvar pecadores por meio da fé não é suficiente na Igreja Batista da Lagoinha, o que os faz sentir a necessidade de lançar mão de diversos mecanismos psicológicos para trazer pessoas a Deus, ou seja, levaram as ideias de Charles Finney às últimas consequências.

O reverendo Márcio Valadão, ao que parece, teve um profundo contato com os representantes da teologia da prosperidade original norte-americana, tanto que seu filho André Valadão estudou em um instituto teológico fundado pelo próprio Kenneth Hagin. Em suma, Edir Macedo e R.R. Soares tiveram o brilhante insight de sincretizar a teologia da prosperidade de Hagin com aspectos das religiões afro-brasileiras e um clero mais contundente nas suas pregações, tudo isso oferece ao brasileiro de baixa renda uma fé sob medida, mas igrejas como a Igreja Batista da Lagoinha oferecem uma teologia da prosperidade light, mais fiel à sua matriz estadunidense, feita sob medida para a classe média brasileira.

O segredo do sucesso nacional do pentecostalismo e neopentecostalismo é sua adequação à cultura brasileira, nos seus aspectos intrínsecos e extrínsecos. Vejamos: as grandes denominações evangélicas no Brasil são feudos, onde famílias nobres dominam e governam, isso se adequa ao nosso personalismo, autoritarismo e alma monarquista. As grandes denominações são profundamente anti-intelectuais e sentimentalistas, tal qual o brasileiro médio. Em que pese toda loucura teológica da seara renovada no evangelicalismo nacional, no que tange aos aspectos centrais da fé cristã, o pentecostalismo é profundamente conservador e ortodoxo. Ademais, o pentecostalismo brasileiro é notadamente conservador nos costumes, o que dialoga com o fato de o brasileiro médio ser bastante conservador na sua postura moral, entretanto, com a vida alheia; o que não falta no meio pentecostal são escândalos de natureza sexual e financeira, evidenciando que o moralismo deles não dura até a página dois.

Esse fato, contudo, acaba criando um enorme empecilho para os objetivos históricos do protestantismo: transformar a cultura secular brasileira em uma cultura cristã militante, pois os evangélicos são mais influenciados do que influenciam a cultura do povo. Chega a ser cômico: basicamente, os evangélicos fazem tudo que os não evangélicos fazem, mas denominam a prática com o complemento gospel, sertanejo gospel, balada gospel, funk gospel; alguns chegam a comemorar algo como Sem João com Cristo em uma pretensa oposição à festa de São João, chamam paquera de "varoagem". Enfim, querem agir como o brasileiro médio, mas sem se sentirem culpados por isso.

"Ah, ele compreendia muito bem que para a alma dócil de um russo humilde, exausto pelo pesar e pelas dificuldades e, acima de tudo, pela injustiça e pelo pecado constantes, dele mesmo ou do mundo, não existia necessidade mais intensa do que encontrar um altar sagrado ou um santo diante do qual se prostar e adorar."
Fiódor Dostoiévski,
Os Irmãos Karamazov

Dizem que o Brasil é a Rússia dos trópicos; de fato, há muitas similaridades. É claro que uma das diferenças mais significativas é a robustez da história do povo russo, em comparação com a do povo brasileiro, que é mais jovem e tem ligações muito superficiais. O presidente russo, Vladimir Putin, já declarou diversas vezes, no contexto da invasão à Ucrânia, que este se trata de um Estado artificial. Se há alguma coerência no pensamento de Putin, essa deve ser a mesma opinião que ele tem a respeito do Brasil. Aliás, se a Ucrânia, com toda sua história, é um Estado artificial, o Brasil seria uma simulação tosca de Estado, talvez criado por um demiurgo mau como Yaldabaoth.

O brasileiro é excessivamente crédulo, disso não há dúvidas, e não apenas no que tange à religião; vemos o mesmo fenômeno se manifestar na política. Isso facilita bastante a vida de pregadores religiosos e foi essencial para o crescimento do pentecostalismo no Brasil.

Esse país territorialmente imenso, construído por imigrantes, com diferentes subculturas e com pouco tempo de existência, precisa de pontos culturais unificadores. Getúlio

Vargas trabalhou para que esses pontos fossem o futebol, o carnaval e o samba; mas, certamente, o que houve de mais unificador na história do Brasil é a fé católica, hoje em franco declínio. Embora a Igreja Católica Apostólica Romana esteja em declínio no país como instituição, suas influências estão mais vivas do que nunca, e em um lugar onde poucos imaginariam que estivessem: dentro das igrejas pentecostais e neopentecostais.

De acordo com a doutrina católica, os sacerdotes são consagrados para continuar a obra de Cristo, fazendo parte de uma classe especial de cristãos, mais poderosos espiritualmente que o crente comum. Segundo um artigo publicado no site da comunidade católica Canção Nova:

[1]*Somente o batizado de sexo masculino pode receber esse sacramento. A Igreja reconhece-se vinculada a essa escolha feita pelo próprio Senhor. Ninguém pode exigir a recepção do sacramento da ordem, antes deve ser considerado apto para o ministério pela autoridade da Igreja. Esse sacramento dá uma especial efusão do Espírito Santo, que configura o ordenado a Cristo na sua tríplice função de Sacerdote, Profeta e Rei, segundo os respectivos graus do sacramento. A ordenação confere um caráter espiritual indelével: por isso, não pode ser repetida nem conferida por um tempo limitado. Os sacerdotes ordenados, no exercício do ministério sagrado, falam e agem não por autoridade própria, nem sequer por mandato ou delegação da comunidade, mas na Pessoa de Cristo e em nome da Igreja. Portanto, o sacerdócio ministerial difere essencialmente, não apenas em grau, do sacerdócio comum dos fiéis, para o serviço no qual Cristo o instituiu.*

No Protestantismo, o foco é a doutrina do sacerdócio universal. Embora existam nas igrejas evangélicas pastores, bispos, diáconos, presbíteros; essas são funções cujos representantes não têm um caráter espiritual indelével. Porém, no pentecostalismo, o pastor é, por vezes, visto como mais poderoso do que um cardeal católico, embora a teoria do sacerdócio universal não seja intelectualmente rejeitada, na prática, o pastor é tratado como um supercrente. Primeiramente, a ordenação praticada no seio histórico, em igrejas como a Assembleia de Deus, vira consagração com óleo despejado sobre os cabelos, como feito no Antigo Testamento com os sacerdotes do Judaísmo, sacerdotes que faziam mediação entre Deus e o Povo da Aliança. Em segundo lugar, nas Assembleias de Deus criou-se uma espécie de confissão gospel; na qual o fiel que tenha cometido um pecado de um hall de pecados considerados graves, ou que tenha deixado de congregar por um período considerável, precisa procurar seu pastor, se confessar a ele e então receber uma disciplina, só depois poderá voltar a comungar na Santa Ceia.

Outra doutrina protestante que é totalmente abandonada no pentecostalismo, embora não abandonada enquanto teoria, é aquela que rejeita a existência de locais sagrados. No evangelicalismo histórico, um templo não é a casa de Deus; mas nas igrejas pentecostais, o templo é tratado exatamente assim, como casa de Deus, local sagrado, no qual mais sagrado ainda é o altar. Ao ponto de a Igreja Universal do Reino de Deus não considerar abençoados casamentos que não foram feitos no altar de seus templos. Em todas as igrejas pentecostais, os pastores, ao final dos cultos, convidam os membros para a frente do altar para receber orações, como se receber uma oração de frente para o altar tornasse a prece mais poderosa. Notem, a ideia de pastores como uma classe superior de cristãos, a ideia do templo como local sagrado e a ideia de confissão de pecados a sacerdotes para se poder voltar à plena comunhão com a Igreja são aspectos adjacentes do catolicismo, rejeitados por Lutero e Calvino, rejeitados no protestantismo tardio por líderes como John Wesley, mas abraçados pelo pentecostalismo brasileiro. Isso porque a cultura católica, tal qual a cultura nacional, influenciou os pentecostais de maneira poderosa, não sendo esses capazes de exercer influência contrária significativa.

O catolicismo, junto da monarquia, eram as duas instituições que uniam de forma não artificial o Brasil de norte a sul; com o fim do Império, só restou a Igreja Católica Apostólica Romana, que, em um primeiro momento, não sabendo lidar com o êxodo rural e a favelização dos grandes centros urbanos e, após, não conseguindo utilizar os meios de comunicação em massa com o carisma e intimismo necessário, viu as igrejas pentecostais avançarem triunfantes sobre os corações dos brasileiros. Porém, as marcas psicológicas deixadas pela antiga hegemonia católica promoveram uma catolicidade dentro do pentecostalismo e neopentecostalismo brasileiro.

Por fim, e falo isso com pesar no coração e sem qualquer tipo de jocosidade, as grandes influências pentecostais na sociedade brasileira são reforçar aspectos culturais extremamente negativos como anti-intelectualismo, personalismo, emotividade exacerbada, credulidade e extremismos e também disseminar jargões na linguagem coloquial do brasileiro médio como "receba", "livramento", "tá amarrado", "tá repreendido", etc.

Ainda posso fechar os olhos e me lembrar da efusividade dentro da Assembleia de Deus com o crescimento do número de evangélicos. Queríamos mudar o Brasil; o discurso aberto dos grandes líderes da denominação, como José Wellington Bezerra da Costa e Silas Malafaia, era influenciar as leis e a sociedade para tornar o povo mais empreendedor, mais adepto de planejamentos racionais da vida, mais individualmente responsáveis, mais educados com o próximo, mais respeitadores para com as leis; sobrou ingenuidade; acreditávamos que o problema do Brasil era o catolicismo, estávamos absolutamente enganados.

Talvez, o que o brasileiro precise, tanto em termos de política quanto em termos de religião, é parar de acreditar em qualquer coisa dita por alguém carismático e com boa oratória. Afinal, o brasileiro pede para ser enganado, implora por ludibriação, pois não tem muito apego à busca pela verdade e é viciado em ouvir apenas o que lhe agrada.

FAMÍLIA TRADICIONAL BRASILEIRA

Eu, tendo sido criado em igreja evangélica, por pais da classe C numa cidade conservadora como Nova Lima – MG, sempre odiava quando ouvia a frase "família tradicional brasileira". Isso porque, na produção cultural nacional, essa frase sempre é dotada de conotação ruim, pois a ideia de família tradicional é alvo preferencial da crítica socialista, e os socialistas monopolizam a produção cultural em termos de mainstream.

Por outro lado, no meio conservador existe a ideia militante de defesa desse modelo tradicional, que estaria sob ataque dos progressistas, dos LGBTQIAPN+ e dos globalistas. Será que assiste razão a algum desses lados antagônicos?

Para um esquerdista, família tradicional é uma imposição social, algo intrinsecamente ruim, opressivo, que visa apenas reproduzir os padrões de uma sociedade capitalista e patriarcal; podando o espírito revolucionário dos jovens, aprisionando as mulheres e limitando liberdades individuais através de padrões morais pré-estabelecidos. Já para um direitista, a família tradicional é nada mais, nada menos que a base da civilização, algo intrinsecamente bom, uma instituição que preserva e repassa tudo que os indivíduos precisam para tornarem-se funcionais; sendo uma barreira contra autoritarismos estatais e evitando que, no calor da juventude, influenciados por ideias equivocadas, as novas gerações provoquem mudanças das quais possam se arrepender mais tarde.

Não quero tratar aqui, em um primeiro momento, da questão das famílias de um ponto de vista universal. Meu objetivo é elucidar as relações familiares do "Brasil real"; revelando os equívocos da direita e da esquerda a respeito do tema.

O que a direita pensa a respeito da família no Brasil é uma verdadeira alucinação. Nesse país sempre reinou a disfuncionalidade familiar, segundo o último Censo Escolar, realizado pelo Conselho Nacional de Justiça – CNJ e divulgado em 2013, há 5,5 milhões de crianças brasileiras sem o nome do pai na certidão de nascimento. Segundo pesquisa realizada pela Fundação Getúlio Vargas, o número de mães solo aumentou 17% na última década, passando de 9,6 milhões em 2012 para mais de 11 milhões em 2022. Além disso, um a cada sete bebês brasileiros é filho de mãe adolescente. Por dia, 1.043 adolescentes se tornam mães no Brasil. E, por hora, são 44 bebês que nascem de mães adolescentes, sendo que dessas 44, duas têm idade entre 10 e 14 anos, conforme dados do SUS. O número de divórcios no Brasil atingiu o recorde de 386,8 mil em 2021, conforme as Estatísticas do Registro Civil 2021, divulgadas pelo Instituto Brasileiro de Geografia e Estatística. Ainda nessa linha de dados, segundo o Gleeden, aplicativo de encontros discretos pensado por mulheres e cujo público-alvo são mulheres comprometidas que querem trair seus parceiros, o Brasil é o país com o maior número de infiéis na América Latina; dos entrevistados do sexo masculino, 91% afirmaram já ter traído e, entre as mulheres, 88% revelaram ter sido infiéis. Já segundo pesquisa conduzida pela psiquiatra Carmita Abdo, coordenadora do Projeto Sexualidade (ProSex) do Instituto de Psiquiatria do Hospital das Clínicas da Faculdade de Medicina da USP, com o apoio da farmacêutica Pfizer, 50,5% dos homens admitiram ter sido infiéis, e a porcentagem entre as mulheres é de 30,2%.

O que os dados apresentados nos dizem sobre a família tradicional brasileira? Certamente que o Brasil é a terra da sacanagem, lugar onde a libido fala mais alto que qualquer consideração familiar. Primeiramente, a cultura brasileira normalizou o adultério. No primeiro levantamento, mais restrito, vemos que homens e mulheres são mutuamente traidores, a diferença é ínfima, entretanto, conforme os dados mais gerais da segunda pesquisa, ainda há um grande fosso entre homens e mulheres no quesito traição. Porém, algumas considerações precisam ser feitas, dada a cultura machista, na qual homens adúlteros são vistos como homens de sucesso sexual e mulheres adúlteras, como sem valor por ceder e colocar o casamento em risco, é natural que muitas mulheres infiéis simplesmente omitam suas aventuras extraconjugais. Além disso, nessa mesma linha, é de se esperar até que homens que nunca traíram, até mesmo por serem feios demais para conseguirem sexo fora do casamento, digam que já foram infiéis. Fato é que, de uma forma geral, o brasileiro (seja homem ou mulher) não é de confiança, entretanto, requerem fidelidade, ou seja, na nossa cultura é comum haver pessoas que traem, mas que não aceitam ser traídas, isso se reflete no número de divórcios e pior, no número de crimes passionais.

Nas nossas vidas sempre ocorrem alguns fatos marcantes, momentos, algumas vezes simples, mas que nunca saem da nossa memória. Era uma noite de sábado, eu estava voltando da casa da minha namorada em uma região periférica de Belo Horizonte para minha casa, na cidade vizinha chamada Nova Lima. Era outono, peguei o ônibus às 22:50 e me sentei no banco da frente, antes da roleta. Então, um ponto depois do qual eu embarquei, entrou uma turma de 4 adolescentes, 3 meninas e um rapaz. O rapaz parecia ter por volta dos seus 18 anos, alto, bem-vestido, claramente homossexual. Duas das meninas pareciam ter por volta dos 15/16 anos, usavam vestidos minúsculos, riam bastante e conversavam alto, estavam perfumadíssimas; mas é a terceira garota que mais me chamou atenção. Primeiramente, ela não aparentava ter mais que 13 anos de idade, sentou-se ao meu lado; usava um microvestido que deixava a barriga de fora e ostentava um decote vantajoso, preenchido por muito ar porque ela mal tinha seios. Quando ela se sentou, quase revelou a cor da calcinha; aquilo me chocou, todo mundo sabe que os bailes Brasil afora estão cheios de menores em torno dos 15 anos, mas aquela menina era basicamente uma criança, sobretudo do ponto de vista legal. De repente, ela virou para mim e perguntou: "moço, você tem paiol?", respondi que não fumo e aproveitei a deixa para perguntá-la para onde estavam indo, "para o baile da Serra" ela respondeu, sorri por educação e virei o rosto para a janela. Não sou bobo e espero que nenhum dos leitores deste texto seja, tendo 12 ou 13 anos, sabemos que aquela menina levou "madeirada" de algum "cria" naquela madrugada.

O menor problema da família brasileira são os homossexuais e globalistas, e se de fato algum grupo planeja afetar as famílias nesse país, esse grupo tem a sorte de não precisar fazer muita coisa para alcançar seus objetivos. Basta que o brasileiro continue sendo lascivo e hipócrita como sempre foi, que o fracasso se fará presente na maioria dos lares dessa nação. Porém, isso não significa que a visão socialista de família faça algum sentido, pois eles romantizam a disfuncionalidade familiar; do ponto de vista psicológico, biológico e cultural, o modelo familiar composto por um pai, uma mãe e seus filhos é superior aos demais arranjos, desde que o casal seja funcional e equilibrado, essa relação é capaz de oferecer aos filhos todo o apoio necessário no seu amadurecimento, dentro dessas famílias, a criança aprende melhor as dinâmicas da sociedade, as dinâmicas da economia, as dinâmicas dos relacionamentos interpessoais e entre homens biológicos e mulheres biológicas, tudo começa pelo Complexo de Édipo. Sendo assim, é uma verdadeira tragédia para o Brasil o fracasso da dinâmica familiar tradicional, trata-se de uma fábrica de indivíduos fracos, desajustados, ignorantes e despreparados para a vida adulta. Quero deixar bem claro a que me refiro, por causa da cultura nacional, o fracasso estrutural é uma constante em todos os modelos, incluindo o tradicional, que deveria ser um porto seguro.

É importante destacar que o Brasil não é uma exceção em aspectos como a crescente no número de divórcios, isso é um fenômeno global, e aspectos como a explosão do número de mães solteiras é um aspecto regional, observado em toda a América Latina. Porém, o Brasil se destaca em ambos os quesitos, parece que tudo de ruim que assola o mundo, faz um estrago maior no país. Isso não é gratuito, fomos incapazes de criarmos uma cultura de sucesso, na verdade, o nosso país é o país onde o fracasso se tornou a regra, falo na vida como um todo, englobando vida profissional, vida familiar, aquisição e aplicação de conhecimento.

Particularmente, atribuo ao romantismo, papel principal nos problemas descritos na seara familiar. No Brasil, o romantismo acabou se tornando uma doutrina de culto; somos o país onde todo mundo tem certeza de que até o século XVIII todo casamento era arranjado pelos pais e nenhuma mulher podia trabalhar, essa visão é completamente propagada pelos meios culturais mainstream, especialmente nas novelas. Quem estudou história, contudo, sabe que casamento arranjado sempre foi coisa de elite, e mesmo na elite, em muitos momentos não foi prática majoritária, exceto nas famílias reais; e no mundo agrário, as mulheres do povo sempre trabalharam, a família toda trabalhava na terra, essas mulheres continuaram trabalhando no início da Revolução Industrial, a prática foi descontinuada na medida em que as economias capitalistas na Europa e Estados Unidos prosperaram a ponto de um homem conseguir sustentar uma família com conforto.

O romantismo nos prometeu que seríamos mais felizes namorando e se casando por amor, acontece que amor dura pouco, um casamento puramente baseado no amor, conforme entendido pelo movimento romântico, está fadado ao fracasso, é só questão dos defeitos do outro se sobressaírem na medida em que a doença da paixão vai se acabando. Para ser bem claro, família é uma instituição falida, essa é a verdade incômoda que muitos não querem ver.

Outro aspecto que tornou inviável a família tradicional brasileira é a sexualização exacerbada da nossa cultura. A partir da década de 90, com o fim da Ditadura Civil-Militar, a Televisão Brasileira, especialmente as duas principais redes desse período, apostou pesado em conteúdo erotizado, mesmo em horários diurnos e mesmo em programas infantis. Tiazinha e Feiticeira animavam os programas de auditório nos domingos à tarde, e foi comum nesse período a venda das fantasias da tiazinha mirim, o traje sensual de inspiração sadomasoquista vestindo garotas de 7 a 11 anos. Certa vez, vi no Facebook um vídeo da década de 90, de um grupo musical composto por crianças chamado Oxgênios, as meninas, todas de micro short e top, os garotos também estavam de roupa sensual, a música chamada "Que Confusão" era uma clara crítica à cultura de erotização promovida através dos canais de TV, entretanto, a estética do grupo era absolutamente erotizada. Enfim, nos comentários havia uma multidão de pessoas se vangloriando de terem vivido aquele momento, nas suas próprias palavras, sem mimimi; eles alfinetavam as novas gerações e juravam que viveram o melhor momento da história do Brasil. Agora, esses são os mesmos que reclamam das letras de funk e de cantoras como MC Pipokinha e Anitta. Em suma, em uma mistura de hipocrisia e dissonância cognitiva, o brasileiro mostra que sempre tolerou, e sempre vai tolerar a sexualização infantil

O brasileiro costuma pensar que existem dois mundos distintos, o mundo dos adultos e o mundo das crianças, nessa utopia, o adulto pode ouvir música de adulto e a criança deve ouvir música de criança, há também novelas e séries para adultos e novelas e séries infantis. Não é preciso ser um gênio para ver o problema nessa cosmovisão, o adulto escuta sua música de adulto, cuja letra esbanja sexo e erotismo, e as crianças por perto escutam também, as crianças também assistem a novela das 21h, criança aprende imitando e elas estão sempre atentas ao comportamento adulto. Enquanto a cultura brasileira for erótica, haverá erotização infantil. Certa vez, um amigo que foi morar na Rússia disse que uma das diferenças culturais que mais o chocou é o quanto a produção cultural por lá é menos sexualizada que a brasileira. Parando para refletir um pouco me dei conta em como somos estimulados a falar e pensar em sexo todos os dias e em vários momentos do dia; sexo vende e todo mundo sabe disso, mas o

Brasil levou essa máxima até as últimas consequências.

EDUCAÇÃO, O DEUS
QUE FALHOU

Meus pais nasceram na década de 70, em plena Ditadura Civil-Militar no Brasil. Meu pai contou-me que, durante sua juventude, no setor industrial, era comum haver uma fila de pessoas esperando a contratação em uma empresa e então parava um ônibus de outra empresa perto da respectiva fila, então um recrutador descia anunciando vagas, parte dos trabalhadores na fila entrava no ônibus para serem efetivados na outra companhia.

A geração dos meus avós viveu melhor do que a geração dos meus bisavós, a geração dos meus pais vive melhor que a dos meus avós, minha geração não tem conseguido obter uma vida melhor que nossos pais. Obviamente, falando em termos puramente de qualidade de vida, a vida da minha geração é, e sempre foi, mais fácil, isso, porém, é fruto do desenvolvimento tecnológico exponencial trazido pela popularização da internet, da tecnologia da informação e, mais recentemente, pela inteligência artificial. Mas nesse capítulo estou me referindo a acesso a renda e, consequentemente, acesso a bens imóveis e bens móveis duráveis; falo da capacidade de autossustento, de com seu salário poder suprir todas as suas necessidades básicas e ainda sobrar para o lúdico.

Atualmente, enquanto escrevo esse ensaio, no ano de 2023 o salário-mínimo no Brasil é de 1.320 reais, segundo levantamento do IPEA, em 2020, 51,99% dos lares estavam sem renda ou com renda muito baixa, isto é, viviam com menos de R$1650,50. Em

2021, 90% dos brasileiros tinha renda inferior a R$3500,00 por mês, conforme IBGE. De 1º de julho de 1994, quando foi lançado, até maio de 2021 o real já acumulou uma perda de 526,64%, isso significa uma perda de 85% em seu poder de compra, segundo o Banco Central do Brasil. Conforme levantamento da pesquisa Empregabilidade Jovem Brasil, em 2023, 5,2 milhões de jovens brasileiros de 14 a 24 anos estão desempregados. Segundo pesquisa da IDados Consultoria, 40% dos jovens com formação em ensino superior estavam subempregados em 2020. Ademais, conforme índice FipeZap 2023, para se construir uma casa própria do zero no Brasil, desembolsava-se em média R$ 8.339 por m². Para fechar essa série de dados, calcula o Dieese (Departamento Intersindical de Estatística e Estudos Socioeconômicos) o valor do salário mínimo necessário para a manutenção de quatro pessoas deveria ter sido de R$ 6.528,93 em julho; embora esse dado contraste com o fato de mais da metade das famílias brasileiras viverem com menos de 1700 reais, ele é também irreal, pois seguindo essa matemática, uma pessoa poderia se sustentar tranquilamente com um salário de R$1632,00; uma ideia absurda em qualquer região metropolitana das 5 maiores metrópoles do país.

A geração que nasceu a partir da década de 90 não está conseguindo se sustentar sozinha, isso é fato. As classes A e B estão muito bem, como sempre estiveram na história desse país. Contudo, a partir da classe C para baixo a renda nunca foi tão baixa diante dos elevados custos de vida das cidades brasileiras. A juventude, está completamente sem maiores perspectivas além de fazer o corriqueiro para quem nasce na casta errada da população, trabalhar muito mais que o razoável por um salário capaz apenas de não os deixar entrar em estado de inanição.

A OCDE (Organização para a Cooperação e Desenvolvimento Econômico) fez um levantamento sobre mobilidade social, e segundo seus dados o Brasil ocupa a penúltima posição entre 30 pesquisados países no quesito possibilidade de ascensão social. Aqui, para que uma pessoa nascida em família pobre atinja o rendimento médio de todos os brasileiros são necessárias nove gerações - equivalente a 160 anos. Isso significa que o destino de mais da metade da população está determinado no seu nascimento, não importa o quanto ele batalhe, permanecerá pobre até morrer e seus filhos continuarão seu legado de pobreza. Isto é, pode não ser tão evidente no dia a dia, mas a sociedade brasileira é dividida em castas, e ao contrário do que o pensamento socialista pode argumentar, esse não é um problema do capitalismo, é um problema do Brasil, e a explicação está na nossa cultura.

Começo meu argumento por dois aspectos particulares da nossa cultura, o Anti-intelectualismo e a hipocrisia. O primeiro, um aspecto intrínseco da nossa cultura, e o segundo, um aspecto extrínseco. Resumindo, o brasileiro médio não gosta de estudar, mas é hipócrita demais para admitir isso, então endeusa a educação, educação formal, é claro, tranque uma pessoa por 5 horas numa escola, para que no restante do dia ela não precise se preocupar em estudar nada. Ingressei na escola aos 4 anos de idade e saí aos 19, repeti de ano duas vezes, e desses 15 anos escolares, dois foram em escola privada e o restante no Ensino Público. Conclusão, os alunos não querem aprender e seus pais não se importam se eles aprendem, mas querem as notas e o "passar de ano". Ou seja, a educação é vista como uma etapa formal da vida a ser vencida, não como uma disposição íntima ao aprendizado e evolução pessoal. Entretanto, a primeira coisa que o indivíduo precisa para aprender algo verdadeiramente é o interesse genuíno.

O ambiente escolar brasileiro, especialmente no Ensino Público, é tomado pela mediocridade intelectual. Paradoxalmente, o lugar mais hostil ao conhecimento no Brasil são as escolas públicas; quem se destaca sofre e é perseguido, e em muitos lugares a aprovação é automática, pois se não o fosse, 80% da turma reprovaria. O sistema de progressão continuada, inicialmente implantado na França e trazido ao Brasil por Paulo Freire, enquanto este servia como Secretário de Educação na cidade de São Paulo, divide o ensino em ciclos, e acaba com a reprovação anual que geraria a necessidade de o aluno refazer o ano letivo. Pergunta, o que acontece se ao final de um ciclo se chegar à conclusão de que o aluno é um inapto que não aprendeu nem metade do que deveria? Na pesquisa que eu fiz, não consegui obter resposta clara o suficiente, fala-se em aulas de reforço, mas e se não for o suficiente por motivos como, desinteresse do próprio aluno, o que se sucede? Mais uma vez estamos diante do fenômeno de igrejas na academia, na universidade brasileira, Paulo Freire é profeta e seus ensinos são dogmas a serem defendidos com o coração para a segurança da alma dos seus adeptos. O aspecto científico passa longe, quem não adere passará ao inferno existencial da ausência de consciência de classe, é um opressor e queimará no ardes por isso.

Em que pese tudo o que foi dito, o discurso do "investimento em educação é a saída para o Brasil" é bonito demais para ser dissecado por meio de dados e crítica. Então, foi adotado pela classe política e o estamento burocrático; não importa se o político é de esquerda, de centro ou de direita, o discurso está pronto e será propagado. Desde a redemocratização, serviços públicos como saúde e educação vêm recebendo cada vez mais recursos financeiros, a cada eleição é prometido mais recursos como resposta à péssima qualidade desses serviços, no entanto, apesar disso, não tem sido observada melhora.

Nos debates do segundo turno das eleições presidenciais de 2022, protagonizados por Luís Inácio e Jair Bolsonaro, em termos de educação, ambos os candidatos discutiam acaloradamente qual deles havia proporcionado aos jovens as melhores condições para estes ingressarem no ensino universitário. Esse embate serviu para nos mostrar como as principais lideranças políticas brasileiras não têm ideia da situação dos jovens.

Em algum momento no decorrer da década de 90, a classe política decidiu que o caminho para o crescimento econômico era uma população com acesso ao ensino superior. A lógica é a seguinte, quanto mais pessoas formadas em engenharia, mais desenvolvimento no setor de engenharia, quanto mais pessoas formadas em administração de empresas, maior o aquecimento no setor empresarial, ou seja, concebeu-se uma ideia completamente absurda que só poderia ter vindo da mente do alto clero do estamento burocrático brasileiro. A grande mídia, por sua vez, contribuía para essa ideia idiota sempre propagando o discurso de que países como Japão, China e Coreia do Sul – países outrora mais pobres que o Brasil – cresceram e se desenvolveram porque resolveram priorizar o investimento em educação. Ledo engano, esses países se desenvolveram por priorizarem a dinamicidade mercadológica, baixaram impostos, eliminaram burocracias, investiram em infraestrutura, modernizaram suas regulamentações, ou seja, criaram uma política de Estado para atrair empresas de fora e incentivar seus empreendedores internos; isso aqueceu os mercados e os mercados aquecidos exigiram e possibilitaram às pessoas, especialmente os jovens, que priorizassem o ensino superior. Entretanto, precisamos dizer que um pilar essencial do crescimento nesses países é o setor industrial, no qual muitas vezes o funcionário nem sequer precisa de formação universitária, quando muito um curso técnico. Ou nem isso, pois sabemos que quando o setor industrial está aquecido, as empresas do ramo acabam tendo uma boa vontade em treinar trabalhadores do zero.

O Brasil, influenciado por uma intelectualidade profundamente anticapitalista nunca se preocupou em melhorar, substancialmente, seu ambiente competitivo. Afinal, como um dos países mais extensos e com maior população do mundo, há um vasto ambiente natural para a predação e parasitagem que o Estado brasileiro precisa; e o Estado nacional é medíocre, bastando para ele uma economia habitual, diferente de outros povos como China, Rússia, que sempre tiveram planos claros – certos ou não – objetivando o crescimento e sua transformação em potência. Assim sendo, internacionalmente o Brasil é conhecido como uma economia fechada para negócios, no sentido da pouca atratividade que exercemos sobre boa parte do capital estrangeiro.

Por essa razão o Brasil nunca fez seu dever de casa; adoramos falar em como os países nórdicos investem no social e nos esquecemos que apesar dos altos impostos e um pesado Estado de Bem-Estar Social, aqueles países têm grande atratividade, pois eliminaram inúmeras burocracias e fizeram um investimento assertivo em infraestrutura. Veja bem, o Brasil sempre investiu pesado também em infraestrutura, mas esse investimento não é assertivo, ele se perde em burocracias e corrupção e traz resultados pífios à população. Ademais, estamos chegando ao fim de um período contínuo de crescimento populacional, oportunidade perfeita para um país em desenvolvimento finalmente lograr êxito na mudança de status para país desenvolvido, mas o ambiente empresarial brasileiro só conseguiu entregar à sua juventude subempregos e arrocho salarial. A falta de dinamicidade da nossa economia foi absolutamente incompetente para criar bons empregos em número suficiente para atender a população economicamente ativa, e já estamos no ponto onde a pirâmide da natalidade começa a mudar para uma realidade onde nascem menos brasileiros e os já existentes vivem cada vez mais, causando, inclusive, um grave problema previdenciário.

Em suma, a geração que nasceu entre 1985 e 1996 cresceu ouvindo que bastava estudar para alcançar patamares altos e fazer coisas grandiosas, passou a infância e, principalmente, a adolescência; sob a promessa de um futuro melhor. Acreditaram nisso, estudaram, e o que conseguiram? Uma monstruosa dívida de financiamento estudantil, subemprego, horário de trabalho beirando a desumanidade (escala 6 x 1) e baixíssimos salários em uma moeda completamente inflacionada.

É interessante mencionar que, em grande medida, o que salvou o Brasil da mais absoluta convulsão social em razão do fenômeno até aqui descrito foi a anti-intelectualidade do seu povo. Afinal, enquanto em países ricos, a imensa maioria dos jovens deram ouvidos às promessas de prosperidade por meio do estudo longo e formal, aqui no Brasil, foi a minoria que se guiou por esse discurso, a maioria dos jovens o ignorou e se dedicou o mínimo possível ao estudo, portanto, agora como mão de obra barata de subemprego, muitos deles acreditam estarem apenas colhendo os frutos das escolhas que fizeram para si, muitos acreditando, por falta de informação, que os de sua geração que estudaram alcançaram o sucesso financeiro. Isso gera um problema, pois, imersos em sua ignorância, eles estão tendo filhos – no Brasil, historicamente, quanto mais pobre, mais filhos – e estão acreditando que há boas chances de sucesso na vida para os filhos deles, se eles estudarem. Contudo, não há nenhum indício de que a geração que está nascendo agora vá ter um futuro melhor que seus pais, infelizmente, há boas chances de tudo piorar, e o resultado será a queda do padrão de vida do brasileiro médio a nível de países do continente africano.

Quais são as perspectivas para o mercado e as futuras gerações no Brasil? Qual o futuro dos millenials? São questionamentos que valem bilhões. Fato é que, em relação aos millenials, o futuro é incerto e obscuro, afinal, conforme evolução da nossa pirâmide demográfica, nosso sistema previdenciário pode colapsar nos próximos 20 anos, conforme estimativas mais otimistas. Obviamente, o governo não deixará o sistema simplesmente vir abaixo em razão do caos social que isso acarretará, contudo, as opções são péssimas, tentar compensar o sistema com aumento da dívida pública é o que muitos países fazem e farão, mas o Estado brasileiro já é extremamente endividado; diminuir os rendimentos? Os rendimentos da maioria dos aposentados já são pífios – e não podemos nos esquecer que o Real é uma moeda extremamente deficitária – sobra a opção mais racional, porém com grande custo social; o já rejeitado no Brasil, sistema de capitalização individual que pode oferecer rendimentos insuficientes aos aposentados; outros países, especialmente os Europeus, lidam com o problema de natalidade com abertura à imigração, mas o Brasil não é tão atrativo e sua economia não é dinâmica. Isto posto, se a imigração já traz sérios problemas sociais a países desenvolvidos, imagine o impacto social que pode acarretar a países de renda média, lembremo-nos que o Brasil é um país de renda média em retração, não em expansão.

Mas a demografia não é inimiga do Brasil, como pensam alguns (especialmente católicos conservadores e tradicionalistas), ela é inimiga das elites opressoras. E por elites opressoras eu falo do estamento burocrático aliado ao grande capital, essa frase foi típica de um socialista, não é mesmo? Não sou e vocês já devem ter percebido; conforme o SEBRAE, 7 a cada 10 empregos no Brasil são gerados por micro e pequenas empresas, ao juntarmos estas às médias empresas, temos cerca de 90% do empresariado brasileiro. Muitas vezes, por cultura, ao ouvirmos a palavra empresário nossa mente já é remetida ao luxo, uma mansão, uma vida boa, a figuras como Silvio Santos, mas o perfil do empresariado brasileiro não é esse, esses são os grandes empresários, os que embora minoritários são amigos do rei, estão na cama com o estamento burocrático para garantir benesses dando o mínimo em troca. Moro em um estado, no qual um famoso empresário do ramo comercial paga uma mixaria aos seus colaboradores enquanto paga milhões em patrocínio de seu time de futebol de coração, Minas Gerais seria um lugar melhor se esse homem tivesse a mesma disposição para remunerar seus pobres trabalhadores como ele tem em encher os bolsos de jogadores de futebol milionários.

Mas o Brasil está no caminho certo, infelizmente, não de uma forma geral. Porém, de uma forma específica, que é tendo menos filhos. Os governantes brasileiros fizeram uma opção, manter o país pobre, mas não tão pobre, cujo objetivo era controle. Quanto mais o Brasil enriquecesse e se desenvolvesse, numa economia capitalista dinâmica e aberta, mais difícil seria para o estamento burocrático manter seu oligopólio; pobreza excessiva também é prejudicial ao estamento, primeiramente por oferecer menos riqueza para a parasitagem estatal e em segundo lugar, por sua inclinação incendiária, sua capacidade de provocar agitação nas massas. Sendo assim, a elite mantém o país num limbo; no meio do caminho, pendendo mais para o subdesenvolvimento do que para o desenvolvimento. Isso explica, por exemplo, o impeachment de Fernando Collor de Mello e Dilma Rousseff, a incompetência executiva de ambos ameaçou levar o país para um caminho de pobreza maior do que o tolerável. Quando o brasileiro médio faz filhos, está apenas produzindo a mão de obra barata que vai enriquecer o grande empresário proporcionador de subempregos e o pagador de impostos que manterá a vida nababesca dos donos do poder. Apenas quando a mão de obra brasileira se tornar mais escassa ela será valorizada financeiramente. Estamos diante de uma revolução silenciosa, onde pessoas estão tomando consciência da crueldade que é trazer seres humanos para o Brasil. A única arma que sobrou para o brasileiro médio contra o estamento burocrático é a demografia.

Além disso, ainda podemos citar novamente o fato de a academia brasileira ser dividida em igrejas, que giram em torno de profetas e dogmas. Inexiste uma busca real pela verdade, em troca o que existe é uma cultura de adesão, na qual o acadêmico deve aderir a determinado culto, e caso não o faça, sofrerá as consequências impetradas pelos seus próprios professores/ missionários. Soma-se a isso o apego do brasileiro médio a títulos e seu desinteresse pelo conhecimento, temos uma situação que já é demasiado ruim no mundo todo piorada no Brasil; o país campeão em publicação de artigos científicos que ninguém lê, seja fora ou dentro do país.

CRIANÇAS E ADOLESCENTES: O FUTURO DA NAÇÃO

Um velho amigo meu, nordestino, de família humilde, que cresceu em meio ao Brasil real, se apaixonou em certa altura de sua vida pela Rússia e sua cultura; em um primeiro momento a paixão dava sinais de que seria platônica, afinal, aquele jovem pobre e nordestino não dispunha dos bens necessários para um dia realizar o sonho de conhecer o velho e instigante império que uni a Europa e a Ásia. Porém, não se pode subestimar o poder do espírito conquistador da humanidade e o poder da obstinação individual, demorou alguns anos, mas por fim esse amigo conseguiu uma bolsa integral para cursar Relações Internacionais na Universidade Federal do Extremo Oriente em Vladivostok.

Como de costume, ao chegar na Rússia veio o choque cultural, e uma das coisas que ele observou que mais o impressionaram é a diferença das crianças brasileiras em ralação às crianças russas. Indo direto ao ponto, o surpreendeu que as crianças na Rússia não são, em regra, insuportáveis indisciplinados como no Brasil. Ele notou como não se torna uma experiência desagradável levar os filhos ao shopping, à igreja, para passear em locais turísticos ou de grande movimento de pessoas como é no Brasil, onde não é incomum vermos crianças se jogando no chão fazendo pirraça ou simplesmente tocando o terror no ambiente sem que os pais tenham força moral, ou mesmo ânimo físico, de tentar impor um limite e acabar tendo que lidar com o choro histriônico do menor.

Perguntei-lhe se tinha alguma explicação plausível para essa diferença comportamental, e a resposta foi a seguinte. O método de criação, a resposta não poderia ter sido mais óbvia, mas não parece tão óbvia ao brasileiro médio que parece ter prazer em criar um pestinha sem limites, ele me disse como se surpreendeu quando um casal de amigos russos o convidou para ir a sua casa e lá eles puderam conversar sem ser incomodado em momento algum por algum dos dois filhos do casal, ambos com menos de 10 anos de idade; rememorou como era traumático visitar uma amiga brasileira, também mãe de dois filhos, em cuja casa sua presença era extremamente desconfortável pois seus filhos não davam um minuto de paz, sempre interrompendo-os, chorando por pirraça, subindo nos móveis para chamar atenção, enfim, criança brasileira é vampiro de atenção e os russos resolvem isso de uma maneira simples, não dê alimento ao Nosferato. Dose com equilíbrio a atenção que você dá ao seu filho, no Brasil, quando uma criança nasce ela se torna o rei da casa, todos estão ali para dar atenção à qualquer besteira que ele fale ou faça, e quando se zangam com ele, então a correção é um verdadeiro show, pelo bem ou pelo mal, o brasileiro monopoliza a atenção do adultos e quando não logra êxito pelo bem, recorre à pirraça e a baderna, isso sem falar a falta de limites que advém da situação, pois em um momento, os pais acabam se tornando refém dos filhos, a ponto de evitar qualquer tipo de confronto para não ter que lidar com birra.

Nós, a Rússia dos trópicos, temos muito a aprender com nossos irmãos; afinal, em termos de PIB o Brasil é mais rico que a Rússia, mas em termos de qualidade de vida da população, segurança pública, mobilidade urbana, infraestrutura e PIB per capita a Rússia se sai melhor e insisto, a explicação primeira é a cultura.

Experimente ir ao Youtube e procurar canais onde brasileiros interagem com russos na língua russa, esses vídeos geralmente estão legendados; logo você vai perceber algo interessante; o domínio da linguagem, o vocabulário, os temas e a desenvoltura de um adolescente russo quando está tendo uma conversa mais séria. Agora, você costuma conversar com um adolescente brasileiro? Caso você já tenha tentado, caso seja obrigado por ser pai/mãe ou irmão de um ou caso você se lembre da sua própria adolescência irá concordar comigo que o vocabulário e os temas de uma conversa típica de um adolescente brasileiro denotam extrema falta de conhecimentos básicos e cultura geral; via de regra, um adolescente brasileiro só consegue manter um diálogo baseado em gírias e banalidades.

Antes que alguém apareça culpando a qualidade da educação oferecida ao cidadão médio, volto a repetir, antes de tudo isso reflete a falta de interesse do brasileiro em estudar seriamente qualquer coisa, especialmente a língua portuguesa. Além disso, aqui no Brasil criou-se uma ideia de que é justificado e até saudável que o adolescente brasileiro seja um indivíduo de mente vazia, sem interesse por qualquer coisa mais profunda, interessado somente em aprontar alguma peripécia e ir a festinhas aqui e ali; isso até ter que se endireitar, e por endireitar eu falo em arrumar logo um subemprego para ajudar em casa, pois seus pais sequer o devia ter tido e foram e são incapazes de proporcioná-lo um escape da tragédia econômica brasileira. Em que pese ele arrumar um emprego para se sustentar e ajudar no sustendo da família, ainda assim, do ponto de vista comportamental e mental continuará preso a uma existência fútil, desinteressada, pobre, orbitando sempre em torno de banalidades e superficialidades.

A única saída possível para esse imbróglio consiste na sociedade passar a exigir do indivíduo, já na infância, alguma maturidade intelectual e emocional – claro, dentro das possibilidades da idade – e algum interesse por coisas mais profundas. Como fazer isso? Tudo começa no apoio e incentivo à leitura; não da maneira patética realizada pela educação básica, querendo que adolescentes de 14 anos se interessem de qualquer forma por Machado de Assis e Carlos Herculano Lopes, Um velho amigo meu, nordestino, de família humilde, que cresceu em meio ao Brasil real, se apaixonou em certa altura de sua vida pela Rússia e sua cultura; em um primeiro momento a paixão dava sinais de que seria platônica, afinal, aquele jovem pobre e nordestino não dispunha dos bens necessários para um dia realizar o sonho de conhecer o velho e instigante império que une a Europa e a Ásia. Porém, não se pode subestimar o poder do espírito conquistador da humanidade e o poder da obstinação individual, demorou alguns anos, mas por fim esse amigo conseguiu uma bolsa integral para cursar Relações Internacionais na Universidade Federal do Extremo Oriente em Vladivostok.

Como de costume, ao chegar na Rússia veio o choque cultural, e uma das coisas que mais o impressionaram é a diferença entre as crianças brasileiras em relação às crianças russas. Indo direto ao ponto, o surpreendeu que as crianças na Rússia não são, em regra, insuportáveis e indisciplinadas como no Brasil. Ele notou como não se torna uma experiência desagradável levar os filhos ao shopping, à igreja, para passear em locais turísticos ou de grande movimento de pessoas como é no Brasil, onde não é incomum vermos crianças se jogando no chão fazendo pirraça ou simplesmente tocando o terror no ambiente sem que os pais tenham força moral, ou mesmo ânimo físico, de tentar impor um limite e acabar tendo que lidar com o choro histriônico do menor.

Perguntei-lhe se tinha alguma explicação plausível para essa diferença comportamental, e a resposta foi a seguinte: o método de criação, a resposta não poderia ter sido mais óbvia, mas não parece tão óbvia ao brasileiro médio que parece ter prazer em criar um pestinha sem limites. Ele me disse como se surpreendeu quando um casal de amigos russos o convidou para ir à sua casa e lá eles puderam conversar sem ser incomodados em momento algum por algum dos dois filhos do casal, ambos com menos de 10 anos de idade; rememorou como era traumático visitar uma amiga brasileira, também mãe de dois filhos, em cuja casa sua presença era extremamente desconfortável pois seus filhos não davam um minuto de paz, sempre interrompendo-os, chorando por pirraça, subindo nos móveis para chamar atenção, enfim, criança brasileira é vampiro de atenção e os russos resolvem isso de uma maneira simples, não dê alimento ao Nosferatu. Dose com equilíbrio a atenção que você dá ao seu filho, no Brasil, quando uma criança nasce ela se torna o rei da casa, todos estão ali para dar atenção a qualquer besteira que ele fale ou faça, e quando se zangam com ele, então a correção é um verdadeiro show, pelo bem ou pelo mal, o brasileiro monopoliza a atenção dos adultos e quando não logra êxito pelo bem, recorre à pirraça e à baderna, isso sem falar da falta de limites que advém da situação, pois em um momento, os pais acabam se tornando reféns dos filhos, a ponto de evitar qualquer tipo de confronto para não ter que lidar com birra.

Nós, a Rússia dos trópicos, temos muito a aprender com nossos irmãos; afinal, em termos de PIB o Brasil é mais rico que a Rússia, mas em termos de qualidade de vida da população, segurança pública, mobilidade urbana, infraestrutura e PIB per capita a Rússia se sai melhor e insisto, a explicação primeira é a cultura.

Experimente ir ao Youtube e procurar canais onde brasileiros interagem com russos na língua russa, esses vídeos geralmente estão legendados; logo você vai perceber algo interessante: o domínio da linguagem, o vocabulário, os temas e a desenvoltura de um adolescente russo quando está tendo uma conversa mais séria. Agora, você costuma conversar com um adolescente brasileiro? Caso você já tenha tentado, caso seja obrigado por ser pai/mãe ou irmão de um ou caso você se lembre da sua própria adolescência irá concordar comigo que o vocabulário e os temas de uma conversa típica de um adolescente brasileiro denotam extrema falta de conhecimentos básicos e cultura geral; via de regra, um adolescente brasileiro só consegue manter um diálogo baseado em gírias e banalidades.

Antes que alguém apareça culpando a qualidade da educação oferecida ao cidadão médio, volto a repetir, antes de tudo isso reflete a falta de interesse do brasileiro em estudar seriamente qualquer coisa, especialmente a língua portuguesa. Além disso, aqui no Brasil criou-se uma ideia de que é justificado e até saudável que o adolescente brasileiro seja um indivíduo de mente vazia, sem interesse por qualquer coisa mais profunda, interessado somente em aprontar alguma peripécia e ir a festinhas aqui e ali; isso até ter que se endireitar, e por endireitar eu falo em arrumar logo um subemprego para ajudar em casa, pois seus pais sequer o deveriam ter tido e foram e são incapazes de proporcionar-lhe um escape da tragédia econômica brasileira. Em que pese ele arrumar um emprego para se sustentar e ajudar no sustento da família, ainda assim, do ponto de vista comportamental e mental continuará preso a uma existência fútil, desinteressada, pobre, orbitando sempre em torno de banalidades e superficialidades.

A única saída possível para esse imbróglio consiste na sociedade passar a exigir do indivíduo, já na infância, alguma maturidade intelectual e emocional – claro, dentro das possibilidades da idade – e algum interesse por coisas mais profundas. Como fazer isso? Tudo começa no apoio e incentivo à leitura; não da maneira patética realizada pela educação básica, querendo que adolescentes de 14 anos se interessem de qualquer forma por Machado de Assis e Carlos Herculano Lopes, mas de leituras que gerem interesse naquela faixa etária, por mais que certamente não sejam os clássicos a serem lidos, mesmo que sejam histórias mais despretensiosas e puramente voltadas ao entretenimento, devemos ter fé que na medida em que o indivíduo amadurecer, acabará naturalmente se voltando para algum clássico ou obra de valor universal. Ademais, é possível aprender muita coisa útil e fazer reflexões válidas e, de certa forma, profundas lendo um romance de Dan Brown ou uma novelização de Assassin's Creed. Contudo, a grande dificuldade é nutrir nos filhos um bom hábito que não é de seus pais, a falta de conteúdo de um adolescente, geralmente é apenas reflexo da falta de conteúdo de seus próprios genitores, de seu próprio núcleo familiar, criando uma complexa rede de preguiça intelectual e valorização de banalidades.

E por falar em banalidades, impossível não citar redes sociais como Instagram e TikTok, especialmente no Brasil. O algoritmo dessas plataformas parece ser movido a bundas e dancinhas, melhor ainda, dancinhas com a bunda de fora. É um reflexo de um povo que tem verdadeira idolatria por bundas, é claro, mas isso tem levado a banalidade nacional ao nível mais extremo, gerando ainda mais preocupação em quem se interessa pelo assunto e pelas possíveis consequências que isso tem, especialmente na vida dos indivíduos que ainda estão no processo de formação da personalidade. Eu mesmo sinto que fico 5% mais burro toda vez que me deparo com uma publicação a respeito de algum famoso, seja da classe artística ou da novíssima classe dos influencers, cuja influência geralmente se traduz em alguma espécie de imbecilidade. Só posso atribuir tudo isso ao desespero do brasileiro médio por algum escape dessa realidade cruel de um país no qual o feudalismo ainda não acabou, uma sociedade estamental, onde a maioria da população, que nasceu na classe social errada, em razão disso, está fadada à pobreza, independente do quanto se esforce ou estude. Por essa razão, o brasileiro precisa fazer algo dificílimo, encarar a realidade nua e crua e renunciar aos subterfúgios que adocicam esse amargo copo de limão espremido que é a vida diária no Brasil. Afinal, encarar a miséria nos olhos tem o poder de provocar uma profunda consciência de si e do próximo, gerando um grande nível de conexão com a realidade capaz de gerar o ímpeto por mudança necessário a uma transformação a nível cultural, e como argumento neste ensaio, é a cultura a raiz de quase todos os nossos males.

A CULTURA DA APARÊNCIA VERSUS CONTEÚDO

Crescendo na Assembleia de Deus, eu logo percebi que a aparência é tudo no meio pentecostal, já a profundidade é algo absolutamente dispensável. Obviamente, um dos objetivos da aparência é causar uma impressão de profundidade; parecer ser uma pessoa espiritual é uma coisa, ser uma pessoa espiritual é outra, e o segundo é fruto de um caminho muito mais árduo e trabalhoso que o primeiro. Sendo assim, percorrer o primeiro caminho é o impulso natural não apenas dos medíocres, mas principalmente dos pueris. Ao longo do meu desenvolvimento, percebi que essa não é uma característica distinta dos evangélicos pentecostais, mas do brasileiro médio.

O padrão dos pregadores pentecostais, esses que todos os domingos estão por aí em alguma congregação, seja ganhando dinheiro ou não, atrás dos púlpitos, é o seguinte: terno e gravata, voz empostada, frases de efeito, pregação com altíssima carga emocional, atitude de animador de palco, postura altiva e uma disposição performática. No entanto, são completamente limitados em termos de interpretação de texto e profundidade em qualquer assunto, com sermões dominados por achismos com ares de autoridade e teorias teológicas facilmente destruídas por alguém com alguma educação mais consistente. Não é à toa que a mentalidade do evangélico médio brasileiro se assemelha tanto à de um católico da Europa medieval, prevalece a crença em maldições hereditárias, maldições trazidas à vida por ver, ouvir, falar ou tocar em algo, superstições como orar de madrugada ou orar em montes para que a prece tenha mais força para com Deus. O "Ave Maria", "Creio em Deus Pai" e o "Vá de retro, Satanás", bem como o sinal da cruz, frases mágicas que poderiam, na mentalidade católica medieval, atrair o favor de Deus no momento específico, foram trocadas por "está amarrado" ou "está repreendido".

Uma vez que esse culto à aparência em detrimento do conteúdo faz parte da cultura nacional, outro ambiente no qual podemos constatar esse fenômeno é a nova direita. Da redemocratização até em torno de 2010, o Brasil não tinha direita, havia a esquerda socialista e a esquerda social-democrata, mesmo o Democratas, antigo Partido da Frente Liberal (PFL), foi se tornando cada vez mais um partido social-democrata soft, tal qual o seu grande aliado, o Partido da Social-Democracia Brasileira (PSDB). Entretanto, a soma da popularização da internet e das redes sociais, escândalos de corrupção no seio tanto do PSDB como do Partido dos Trabalhadores, crescimento do evangelicalismo, surgimento de uma resistência intelectual mais consistente ao progressismo e suas principais demandas sociais (feminismo, agenda LGBTQIAPN+, aborto legalizado e legalização das drogas), e o renascimento da extrema direita global; fizeram renascer no Brasil uma nova direita, bem mais contundente e militante que em outros tempos, especialmente pelo trabalho intelectual do filósofo Olavo de Carvalho.

Olavo de Carvalho foi, e ainda é, uma figura controversa. Boa parte dessa controvérsia advém do fato de ele ter sido um autodidata em um país obcecado por diploma. Novamente nos deparamos com a rivalidade entre aparência e conteúdo na sociedade brasileira, pois quantos bacharéis, mestres e doutores em filosofia, sociologia ou ciência política que as universidades brasileiras formam todos os anos possuem uma obra tão extensa ou impactante como foi a de Olavo? Contudo, também é preciso reconhecer que Olavo de Carvalho afirmou muita bobagem, aliás, quase tudo que ele dizia que não tivesse conteúdo filosófico, especialmente filosofia política, pode ser descartado como baboseira de um boomer. O negacionismo da pandemia de COVID-19 e sua relação (muitas vezes conturbada) com o Governo Bolsonaro trataram de arranhar seu legado de forma perpétua, mas o trabalho de quem ama o conhecimento e abomina o preconceito é separar o joio do trigo na obra e pensamento de um autor.

Infelizmente, não se observa o brilhantismo de Olavo de Carvalho em seus alunos e apoiadores. Ele, por diversas vezes, externou que seu legado seria uma escola de livres-pensadores adeptos ao conservadorismo político e à ortodoxia cristã. Seus discípulos seriam o meio pelo qual Olavo ressuscitaria a direita intelectual, assim como ele ressuscitou a direita política. A grande aposta do escritor era que essa nova elite intelectual não sucumbisse ante ao estamento burocrático e às benesses oferecidas pelo Estado a um intelectual, não sem redundar em um alto custo a ser pago: a independência na busca pela leitura correta da realidade. Ocorre que nada disso aconteceu e, pior, tudo já tinha dado errado quando o guru ainda estava vivo. Olavo não se livrou de alguns vícios da cultura brasileira que talvez sejam os grandes responsáveis por não haver brasileiros no hall dos grandes pensadores da contemporaneidade há tantas décadas; ele foi uma figura personalista, extremamente emotiva e não soube ser coerente com suas próprias ideias.

Olavo de Carvalho não cansava de repetir seu ódio pelos intelectuais reformistas, aqueles cujo cerne de suas obras era a tentativa de mudar o mundo para um tipo ideal, e sua admiração pelos intelectuais cujo cerne das obras era a descrição fiel da realidade acompanhada de soluções pontuais para problemas pontuais, através de ideias tradicionais. Nisso, manifestava-se a predileção do pensador pelo retorno a uma ordem natural em detrimento da criação de uma nova ordem, não natural, mas que quase sempre redundava em uma imanentização do escaton. Olavo também era um crítico ferrenho da tradição do intelectual brasileiro de objetivar tornar-se um agente do Estado, promovendo seu tipo ideal de Estado. Tal predileção, insistia o filósofo, colocava sempre a busca pela verdade em um segundo plano, pois a subserviência ao estamento burocrático era o ponto central da intelligentsia nacional. No entanto, na primeira oportunidade, Olavo se traiu em tudo isso, e a primeira oportunidade foi seu relacionamento com o governo de Jair Bolsonaro, o primeiro presidente realmente à direita desde a redemocratização.

Em um primeiro momento, havia uma composição mais ou menos igualitária entre diversos grupos que apoiaram a eleição de Bolsonaro na disputa de 2018. Contudo, ainda no primeiro ano de governo, iniciou-se uma disputa entre a ala ideológica, composta majoritariamente por alunos do professor Olavo, e a ala tecnocrata, composta majoritariamente por militares das Forças Armadas. No contexto dessa disputa, o chefe de governo começou a cada vez mais preterir os alunos de Olavo em relação aos militares. Nessa altura, Olavo de Carvalho protagonizou diversos ataques raivosos via redes sociais ao ex-vice-presidente, General Hamilton Mourão. Os ataques de Olavo, cujo veículo principal era o seu canal no YouTube, foram muito explorados pela grande mídia, que não fazia mais questão de mostrar qualquer verniz de imparcialidade em relação ao governo, e gerou diversas polêmicas que se sobressaíam a temas verdadeiramente importantes. Ou seja, Olavo não hesitou nem por um minuto em atrapalhar a agenda direitista para garantir o emprego dos seus pupilos no aparelho estatal.

Outro ponto importante é que Jair Bolsonaro fez uma opção por se cercar, não de aliados, mas de adoradores. Adoradores nunca criticam, não estão no mesmo nível que seu objeto de adoração; adoradores adoram e, quando veem uma incongruência, eles se convencem de que se trata apenas de uma parte de um plano maior que eles não conseguem entender. Em razão disso, a cada grotesco erro dos inúmeros cometidos em sequência pelo péssimo político Jair Messias Bolsonaro, Olavo se calou, quando não fez pior, embarcou naquela narrativa ridícula que surgia a cada erro no seio do Bolsonarismo, a tese do "xadrez 4D", segundo a qual o ex-presidente era uma espécie de gênio político tecendo uma teia de atitudes aparentemente incongruentes, mas que resultaria em uma armadilha que destruiria cada um dos seus inimigos. Ademais, o pensador agia de modo extremamente emotivo diante de qualquer contestação, por menor que fosse, demonstrando o quanto era personalista; ele sabia o quanto a classe dos intelectuais pecava por ser vaidosa, no entanto, ele não parecia trabalhar em si próprio quanto a essa tendência.

O catastrófico resultado disso foi que, dentre a direita brasileira, em sua maior parte, alunos de Olavo de Carvalho, sobrou apenas culto à aparência, com um raso conteúdo intelectual. Primeiramente, muitos dos seus alunos se enveredaram pela carreira de coach, pregando estilos irreais e caricatos de recato conservador católico no dia a dia, dizendo para pessoas pobres fazerem de cinco filhos para mais e que suas esposas fiquem em casa os educando em homeschooling, enquanto o marido que se mate de trabalhar para dar nada mais que o básico, se é que ele vai conseguir isso no contexto econômico do Brasil, aos filhos pois essa é a vontade de Deus, que as mulheres tenham filhos como coelhas e que seus maridos se matem de tanto trabalhar.

Os intelectuais de esquerda brasileiros vivem a base da aparência de humanismo, já os intelectuais brasileiros de direita vivem da aparência de piedade e sabedoria. Mas pelos menos os esquerdistas não se tornaram coachs, classe que no nosso contexto podemos definir como picaretas. Sim, coach é picaretagem. É a arte de vender ilusões, de se apropriar do que as pessoas já pensam, transformar em frases de efeitos, e vender para as mesmas pessoas como se fossem um transformador conhecimento novo e cobrar caro por isso.

PERSONALISMO E IDOLATRIA

O brasileiro não se liga a ideias, ele se liga a pessoas. Porém, nós muitas vezes estamos crentes que determinadas pessoas encarnam perfeitamente uma ideia, e que trair essa pessoa é trair as ideias que ela representa, o problema é que o conceito de traição de um povo personalista é muito amplo, nesse sentido, a mais legítima das críticas pode ser vista como um ato de traição. O brasileiro é idólatra, mas tem muita dificuldade em reconhecer isso.

Quem está no debate público brasileiro, se for perspicaz, já percebeu essa anomalia que eu irei relatar. Sempre que afirmamos algo de honroso a determinado pensador, ou concordamos em público com alguma de suas ideias, somos impelidos pelo bom senso a, em alto e bom som, emitir uma ressalva como: "mas isso não significa que eu concordo com tudo que ele diz."

Quem é o Ser pensante que concorda com tudo que outro Ser pensante diz? Isso não existe. Ou ao menos não deveria existir, porém, na mentalidade nacional, tudo se resume há uma partida de futebol, onde ou você torce para um time, ou você torce para outro time. Então, quando alguém emite uma concordância com outrem, logo surge a percepção de que este faz parte do time de outrem, não havendo espaço para nada além de adesão. Quando isso ocorre, isto é, quando o brasileiro médio te identifica como alguém que aderiu a totalidade do pensamento de A ou B, logo, você é corresponsável por tudo que esse A ou B disse ou deixou de dizer. Urge nos indagarmos, é possível surgir um debate público sério dessa cultura? Ou apenas esquizofrenia intelectual?

O brasileiro médio tem uma educação muito deficiente, especialmente a educação básica, boa parte do problema é o que nos oferecem em termos educação, e a maior parte da população é educada pelo Estado, nas escolas públicas; mas outra grande parte do problema é, o brasileiro médio não gosta de estudar, e quem estudou em escola pública consegue perceber isso de forma mais nítida do que a elite que teve acesso à educação privada. Em todas as salas de aula que eu estudei até me formar no ensino médio a dinâmica era, uma grande parte de alunos que só estavam ali por serem obrigados, eles não davam a mínima atenção, atrapalhavam as aulas com indisciplina e demonizavam os poucos que realmente queriam aprender algo; uma outra grande parte de alunos que, em regra, era a plateia dos primeiros, a diferença é que estavam dispostos a fazer o mínimo para serem aprovados no fim do ano letivo e, por fim, a minoria que queria aprender algo, esses eram apartados da vida social daquele microcosmos, vítimas do escárnio dos dois primeiros grupos, e tinham que praticamente pedir desculpas por serem mais interessados.

No plano paterno, a dinâmica era mais ou menos parecida. Havia os pais que não davam a mínima para o estudo dos filhos, os mandando há escola apenas para não sofrerem alguma penalidade; havia os pais que acompanhavam minimamente as notas, impondo uma rotina de estudos mínimos; e por fim, os pais que realmente valorizavam o ato de aprender em si. Ora, não adianta! Se os pais não gostarem de aprender, os filhos dificilmente também gostarão. Um filho que nunca vê nenhum dos pais lendo, dificilmente vai adquirir esse hábito, e aqui temos um ponto importante, seu filho irá fracassar como pessoa se você fizer com ele leia apenas os livros didáticos para fazer os deveres de casa e passar nas provas.

A educação deficiente que o brasileiro médio recebe faz com que sejamos uma nação de analfabetos funcionais, segundo pesquisa Pnad (Pesquisa Nacional por Amostra de Domicílios

Contínua), realizada pelo IBGE, a média de analfabetismo funcional no Brasil é de 11,4% no ano de 2021, mas sinceramente, não parece, sem querer contestar a seriedade dessa pesquisa, no dia a dia, o problema parece muito maior; especialmente em um local onde esperava-se não ter de lidar com tal problema, as universidades privadas.

Há um fenômeno que ocorre em todos os países onde há Universidades Públicas em grande número, mas esse fenômeno em um país desigual como o Brasil é absurdo, os ricos estudam nas universidades públicas de forma gratuita, enquanto os pobres precisam se endividar para poder estudar em uma universidade privada. Por tal razão, o grosso do analfabetismo funcional está nas instituições de ensino particulares, com alunos cuja dificuldade é enorme em interpretar simples textos, quanto mais o grosso do referencial teórico das respectivas disciplinas.

Um dos resultados desse panorama até aqui apresentado é a dificuldade de as pessoas absorverem e compreenderem conceitos abstratos. E na falta dessa habilidade, precisam se apegar a personalidades carismáticas, entretanto, o carisma gera fascínio, e em um contexto de pessoas personalistas e ignorantes, o fascínio se transforma em idolatria cega.

Uma vez que a figura carismática chegou ao coração do povo, dificilmente sairá de lá, por mais que traia o próprio povo e as ideias que ela alegava representar, desde que ela seja hábil o bastante na construção de narrativas que justifiquem suas incongruências. Na verdade, essas narrativas nem sequer precisam ser a coisa mais elaborada do mundo, desde que apele ao emocional dos indivíduos. Os brasileiros, geralmente, amam o estar emocionado com a mesma consistência que odeiam o estudo e a lógica.

INCIVILIZADOS

A civilidade começa quando o ser humano vê a necessidade de respeitar o próximo tal qual ele gostaria de ser respeitado. Na história humana, violência, guerras e conflitos generalizados são relativamente mais comuns que tempos de paz; no entanto, embora tenhamos grande dificuldade em estabelecer uma comunidade global pacífica, é comum reconhecermos a necessidade de estabelecer uma comuna, isto é, uma vizinhança expandida de paz e cooperação. A partir desse conceito, a civilização aumenta e ganha novos contornos: o respeito à lei, às autoridades, a divisão do trabalho, o comércio, tudo ancorado na capacidade humana de viver em paz com seu vizinho.

O estágio máximo da civilidade é o respeito como cultura, o estágio médio é o respeito advindo das leis e o estágio inicial é o respeito que advém da imperatividade de coexistência harmônica. Quanto menos, em determinada sociedade, os indivíduos são incapazes de respeitar seus vizinhos, mais essa sociedade será violenta e pobre. Nesse ponto, muitos irão discordar, especialmente os teóricos socialistas, pois para eles a causa primeira é a pobreza ou desigualdade. Entretanto, essa percepção se choca com a realidade, na qual, nesse sentido, toda sociedade deveria primeiro enriquecer para depois se civilizar ou pacificar.

Não quero aqui menosprezar o impacto da desigualdade na construção de uma sociedade violenta. No entanto, embora o Brasil seja um país extremamente desigual, a maioria da população não se encontra em um estágio tão desigual assim, a ponto de isso justificar nossa grande incivilidade. Vejamos, em uma favela ou bairro pobre qualquer, um vizinho resolve ligar seu som no volume máximo às 23 horas e entrar madrugada adentro, impedindo o descanso de toda sua vizinhança. Pois bem, sabemos que essa é uma realidade comum na nação. Será que existe tanta desigualdade assim naquela vizinhança? Ou naquele bairro, há uma grande igualdade de pobreza e toda sorte de dificuldade que a falta de recursos acarreta no Brasil?

Podemos ainda tentar ponderar pela visão sociológica marxista de um ponto de vista mais subjetivo, imaginando que o indivíduo pobre que desrespeita os seus vizinhos pobres, na verdade, está manifestando sua revolta contra a elite do bairro de alto padrão que não está tão longe assim, em termos de distância geográfica, da favela. Mas o que estaríamos afirmando? Que a violência e o desrespeito de pobre contra pobre é o pobre se revoltando contra o rico?

A REVOLUÇÃO DA NATALIDADE

Está bem claro que a cultura do brasileiro médio joga contra nosso desenvolvimento e bem-estar. No entanto, além desse inimigo interior que o indivíduo padrão tem no Brasil, nós também temos um poderoso inimigo externo, o estamento burocrático.

Segundo o sociólogo alemão Franz Oppenheimer, em termos de produtividade, existem dois tipos de pessoas: os produtores e os parasitas. Os primeiros produzem riqueza e os segundos se recusam a viver da própria produtividade, então vivem da parasitagem. Assim sendo, o autor conclui que há duas formas de enriquecer: o meio econômico (produzindo) e o meio político (parasitando). Ao investigar as origens do Estado, Franz chegou à seguinte conclusão:

> *O que é, então, o Estado como um conceito sociológico? O Estado, em sua gênese, [...] é uma instituição social, imposta por um grupo vitorioso de homens sobre um grupo derrotado, com o único propósito de regular o domínio do grupo vitorioso de homens sobre o grupo derrotado, e de garantir a si mesmo contra a revolta interna e os ataques externos. Teleologicamente, esse domínio não tinha outro propósito senão a exploração econômica dos derrotados pelos vitoriosos. (OPPENHEIMER, 2018, p.15)*

A partir desse conhecimento e de todo o exposto até aqui, podemos afirmar que existem classes parasíticas, ou classes políticas, piores e melhores. E a classe política brasileira é especialmente cruel em sua sanha exploradora e espoliadora.

Podemos ver isso de forma simples: a quantidade de impostos recolhidos e os serviços oferecidos em troca. A conta não fecha, e isso ocorre porque o grosso do dinheiro se perde na manutenção da coisa pública inchada. A folha de pagamento pesa mais que o serviço final que é oferecido ao cidadão, especialmente a folha de pagamento da elite do funcionalismo público.

Tudo isso cria um ciclo vicioso: o brasileiro médio nasce pobre e precisa trabalhar duro para sobreviver. Embora trabalhe muito, mal vive, pois o salário médio não garante uma vida digna. Entretanto, embora o salário médio seja baixo em relação ao custo de vida, o custo médio de cada trabalhador pode chegar ao dobro de seu salário. Ou seja, se um trabalhador recebe um salário de 1500 reais, seu patrão pode estar desembolsando até 3 mil reais por ele, metade disso pela onerosidade tributária da folha de pagamento.

No entanto, a esperança é algo inato ao ser humano, e há, certamente, povos mais esperançosos que outros, e o brasileiro é, claramente, um dos povos mais esperançosos do planeta. Talvez porque sejamos um povo com muita fé, e toda fé acaba por produzir mais esperança. Infelizmente, para a imensa maioria de nós, as esperanças são vãs.

A história sempre se repete: pais pobres que têm uma vida cheia de dificuldades resolvem ter filhos, pois trabalharam duro para garantir que os filhos não passarão pelo mesmo que eles. Também são movidos pela esperança de que seus filhos estudarão e terão uma carreira. Os filhos nascem e, de fato, têm uma qualidade de vida superior à dos seus pais, mas isso porque a dos seus pais era extremamente precária e o tempo passou trazendo transformações socioeconômicas que mudaram as dinâmicas de consumo. Porém, o que constituía uma vida digna e uma vida de dificuldades na época dos pais era uma coisa, e agora, na época dos filhos é outra. Por isso, o filho, na média, é tão pobre quanto os pais foram, só que os pais eram pobres no interior do Brasil em 1980 e o filho em um centro urbano em 2020. Isso passa aos genitores uma impressão de progresso pessoal, mas isso cai por terra no final da adolescência, quando um diploma de faculdade já não pode garantir ao filho um salário digno, uma casa ou até mesmo um carro novo.

E nessa conjectura, ainda estamos tratando de uma minoria que tem acesso ao ensino superior, seja público ou privado. A maioria dos filhos de pobres se formará no ensino médio e passará toda a vida saltando de um subemprego a outro, recebendo algo em torno de um salário-mínimo e trabalhando na degradante escala 6x1. No fim das contas, essa situação só beneficia o estamento burocrático brasileiro, que garante uma abundante mão de obra barata, desqualificada e afundada em toda sorte de tributos.

Não parece haver nem um esforço para o enriquecimento geral da população ou um desenvolvimento mais robusto do país. A única preocupação do sistema parece realmente ser a manutenção do status quo.

Nesse contexto, a queda demográfica atinge um patamar revolucionário contra os donos do poder no Brasil. Em um país minimamente sério, a queda demográfica é uma tragédia: quanto mais trabalhadores/consumidores houver, mais a economia pode se expandir e se modernizar, isso é claro, com condições macroeconômicas favoráveis. Muitas vezes, temos a ideia equivocada de que quanto mais pessoas vivas, pior. Trata-se do receio das superpopulações. Tal medo é infundado e podemos tomar como exemplo a China, que durante décadas adotou a política do filho único para evitar colapsos envolvendo superpopulação. No entanto, a única coisa que conseguiu foi prejudicar o crescimento econômico que passou a experimentar a partir dos anos 80. Mas então, como posso estar comemorando a queda populacional no Brasil? Vejamos, não é assim tão simples: uma população crescente sempre é boa para o Estado, mas não necessariamente para o indivíduo. Se as oportunidades de crescimento profissional forem escassas, se o mercado não se expande e se moderniza numa velocidade que acompanhe o crescimento da população, então provavelmente as pessoas nascerão, viverão e morrerão na pobreza. Serão pagadoras de impostos e farão a economia girar. Nesse sentido, os governantes se beneficiam e, até mesmo, a classe empresarial em certa medida, pois terá mão de obra barata em abundância para postos de trabalho ruins. Entretanto, para o indivíduo, não há nada de necessariamente bom no crescimento demográfico.

Aliás, é daí que vem parte da noção popular de que gente demais habitando uma região é ruim. Quando o Estado é ineficaz e corrupto, como é o brasileiro, ele não consegue oferecer serviços públicos de qualidade, e se um serviço já é ruim, quanto maior for o número de usuários, pior será a qualidade final desse serviço. Se a economia não for dinâmica, quanto maior a população, piores serão os salários e a qualidade dos postos de trabalho; quanto maior a população e menor o número de oportunidades, maior será a criminalidade. Nesse sentido, muitos conservadores chegam à conclusão equivocada de que se tiverem muitos filhos, salvarão o Ocidente. Essa lógica só realmente funciona se os pais forem ricos; se, porém, forem pobres, de salvadores do Ocidente os seus filhos se tornarão vítimas dele.

O que querem os que optam pelo meio político de adquirir riquezas? Espoliação perene e pacífica. É nesse sentido que a queda demográfica atrapalha estamentos burocráticos ineficazes como o brasileiro. A baixa natalidade representa uma queda na receita estatal. Isso tende a obrigar os poderes constitucionais a conter a parasitagem outrora incontrolável e constituir políticas mais efetivas na melhora da qualidade de vida do povo.

Não desejo ao meu pior inimigo a vida que um pobre leva no Brasil, e em 2024, se você ganha menos de 5 mil reais líquidos, você é pobre. Optar por não ter filhos é um ato de misericórdia e, ao mesmo tempo, de rebeldia contra o sistema.

[1]   https://formacao.cancaonova.com/vocacao/sacerdocio/o-sacramento-da-ordem/